CE LIVRE APPARTIENT À :

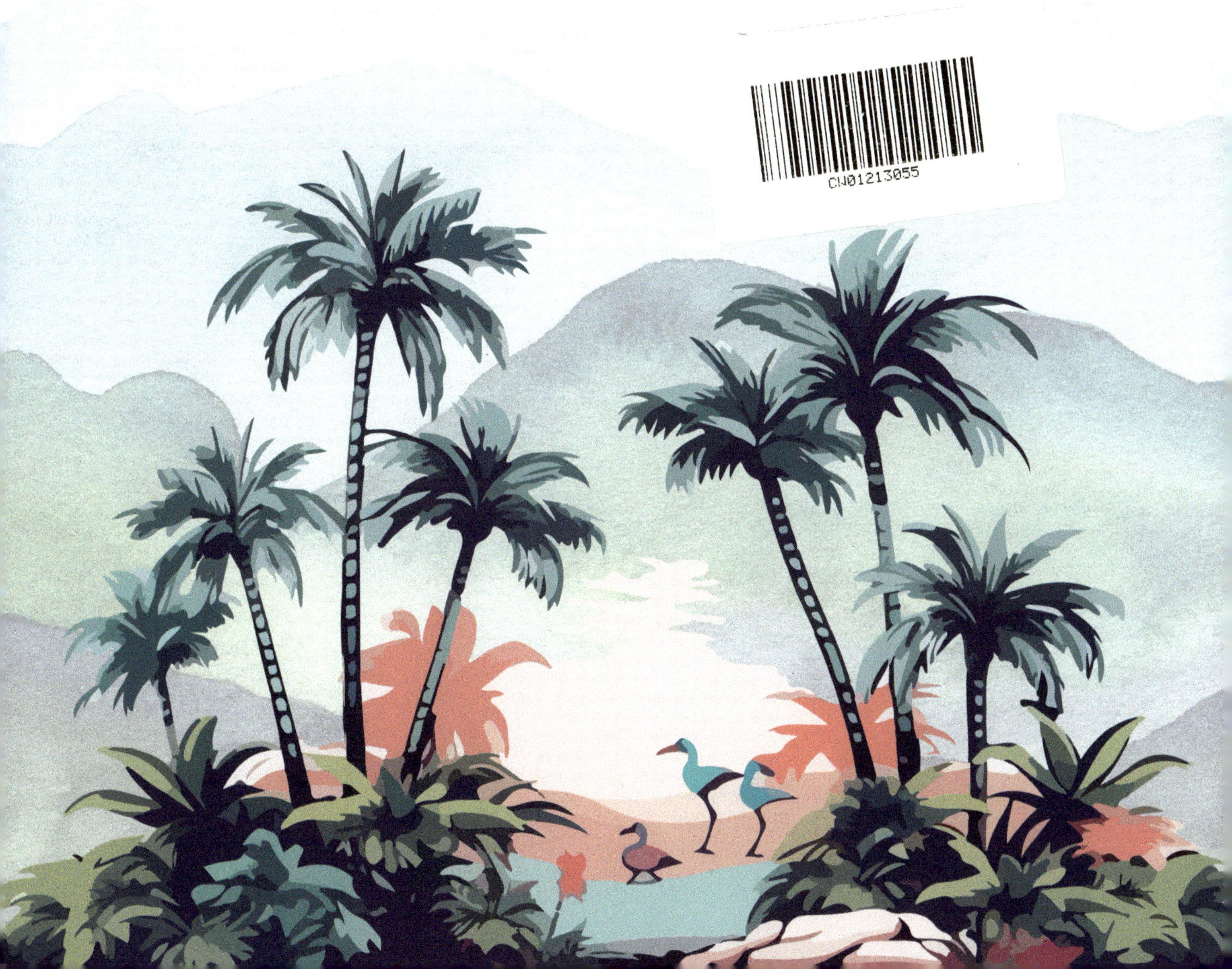

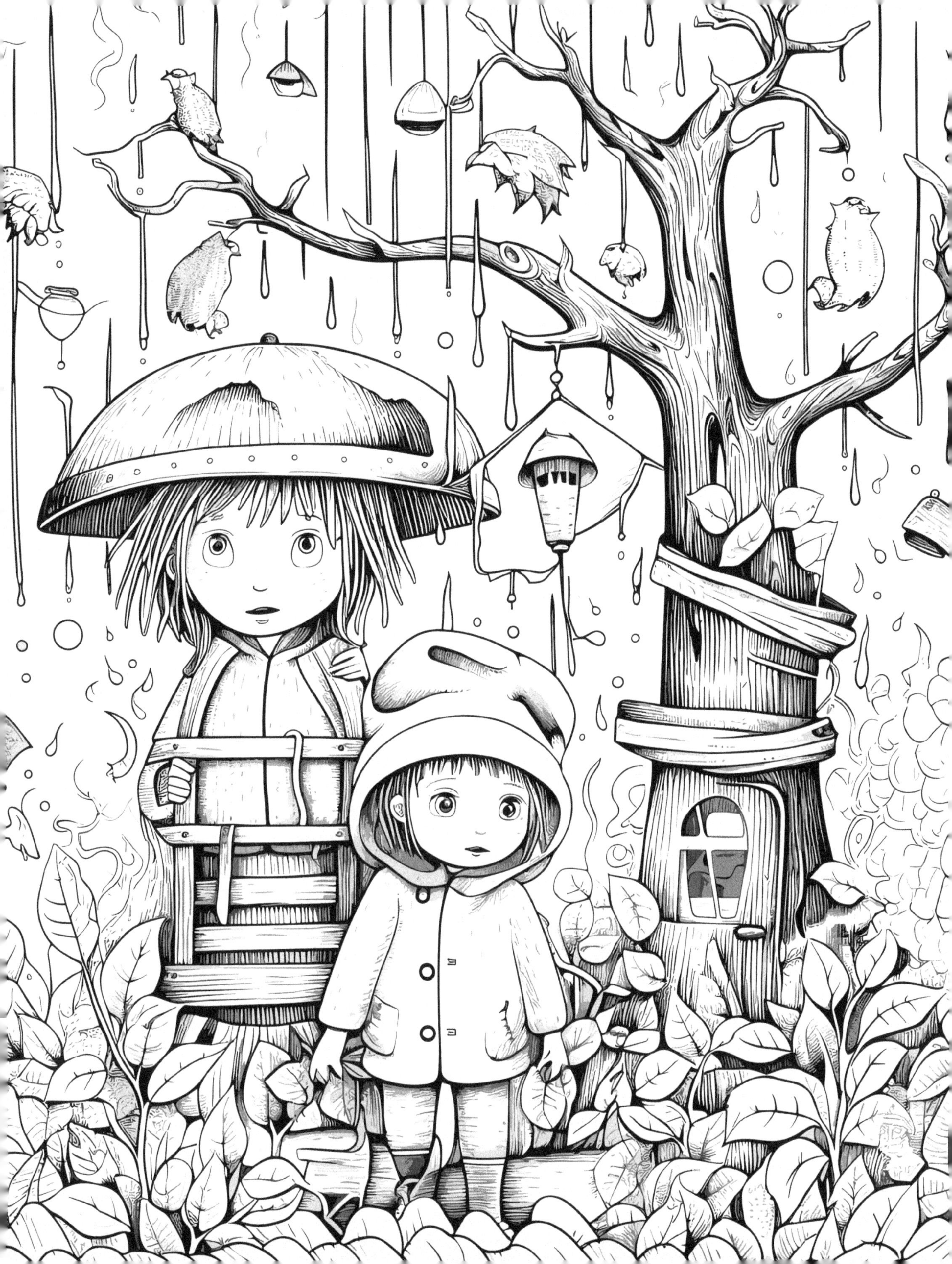

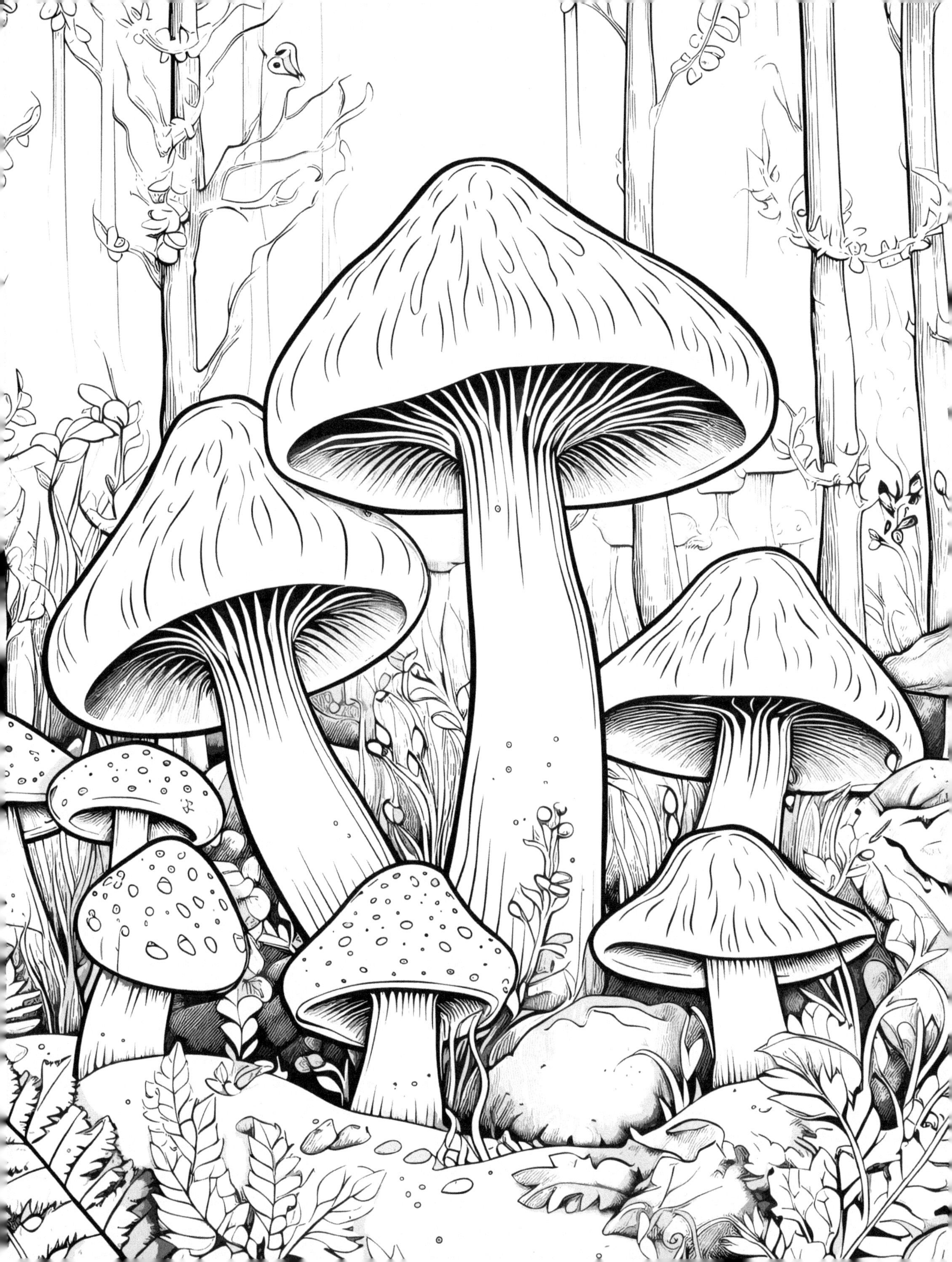

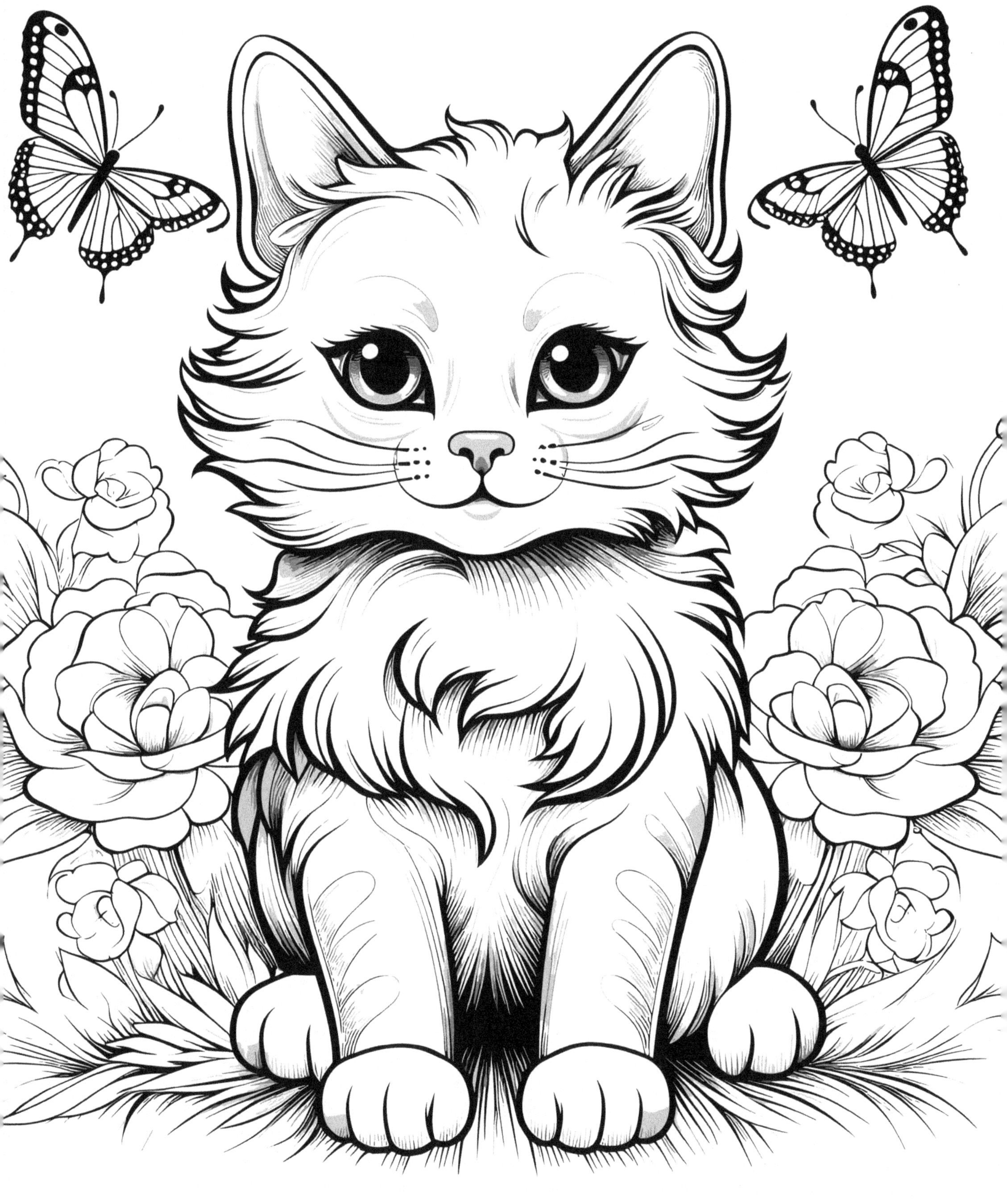

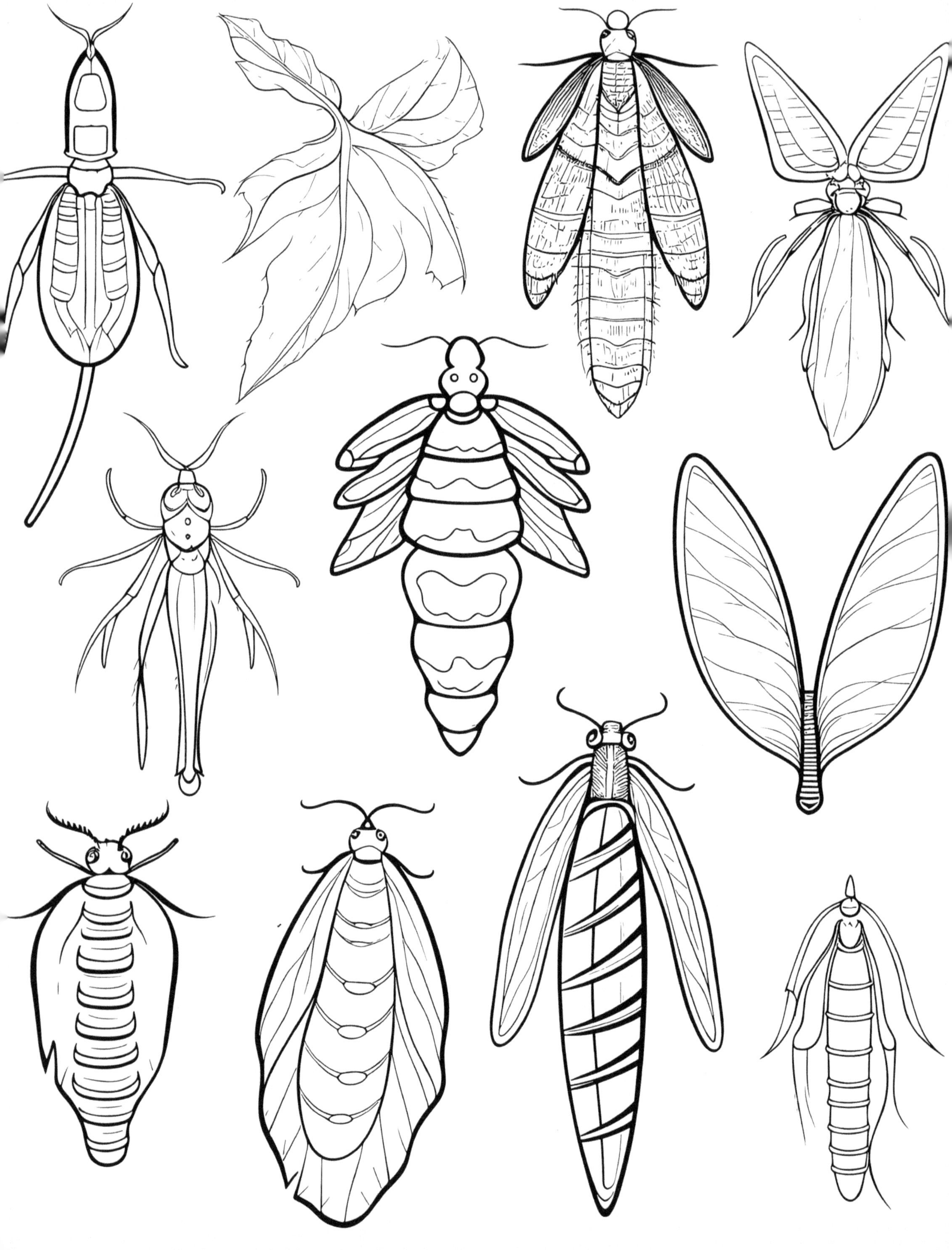

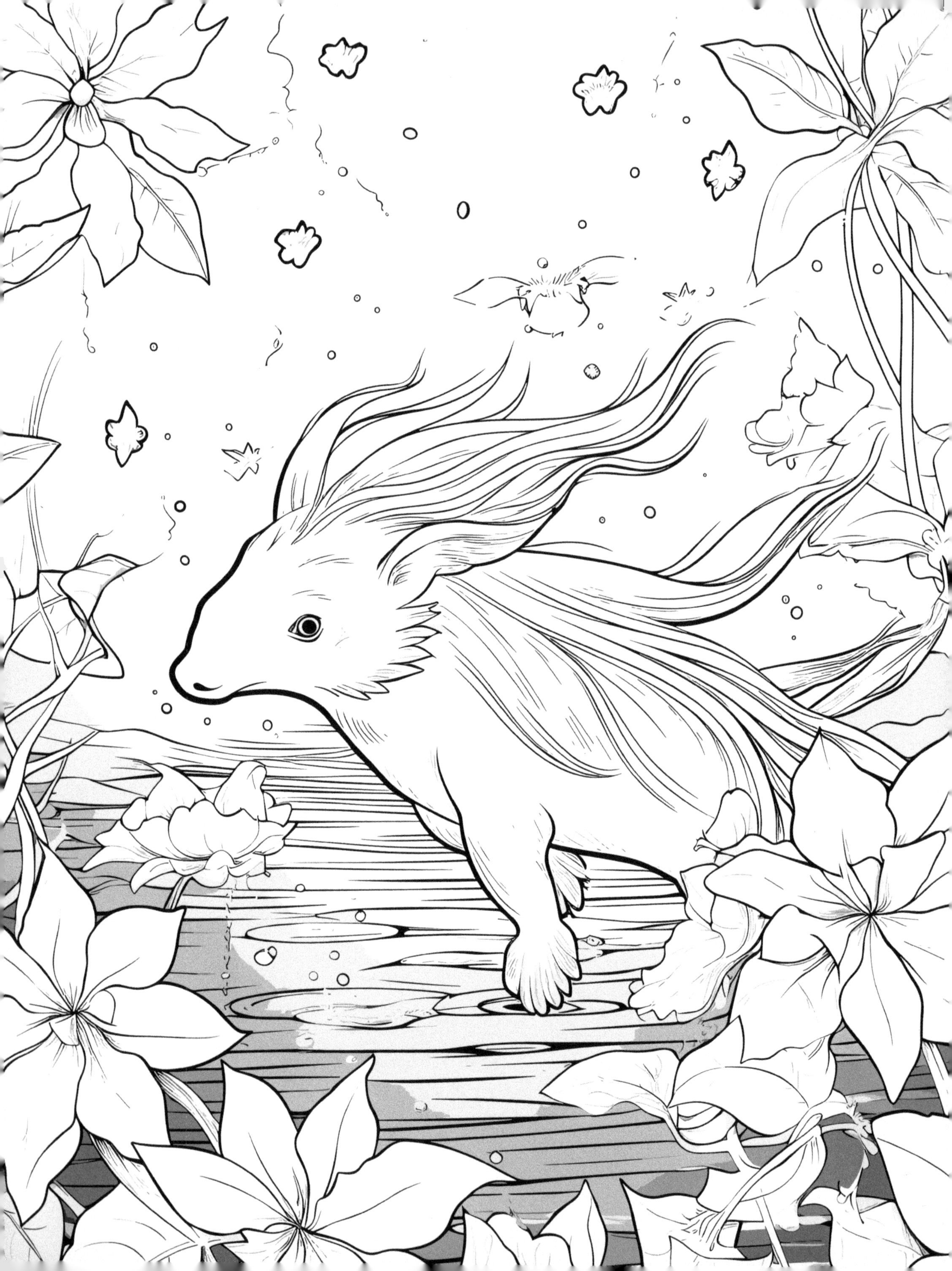

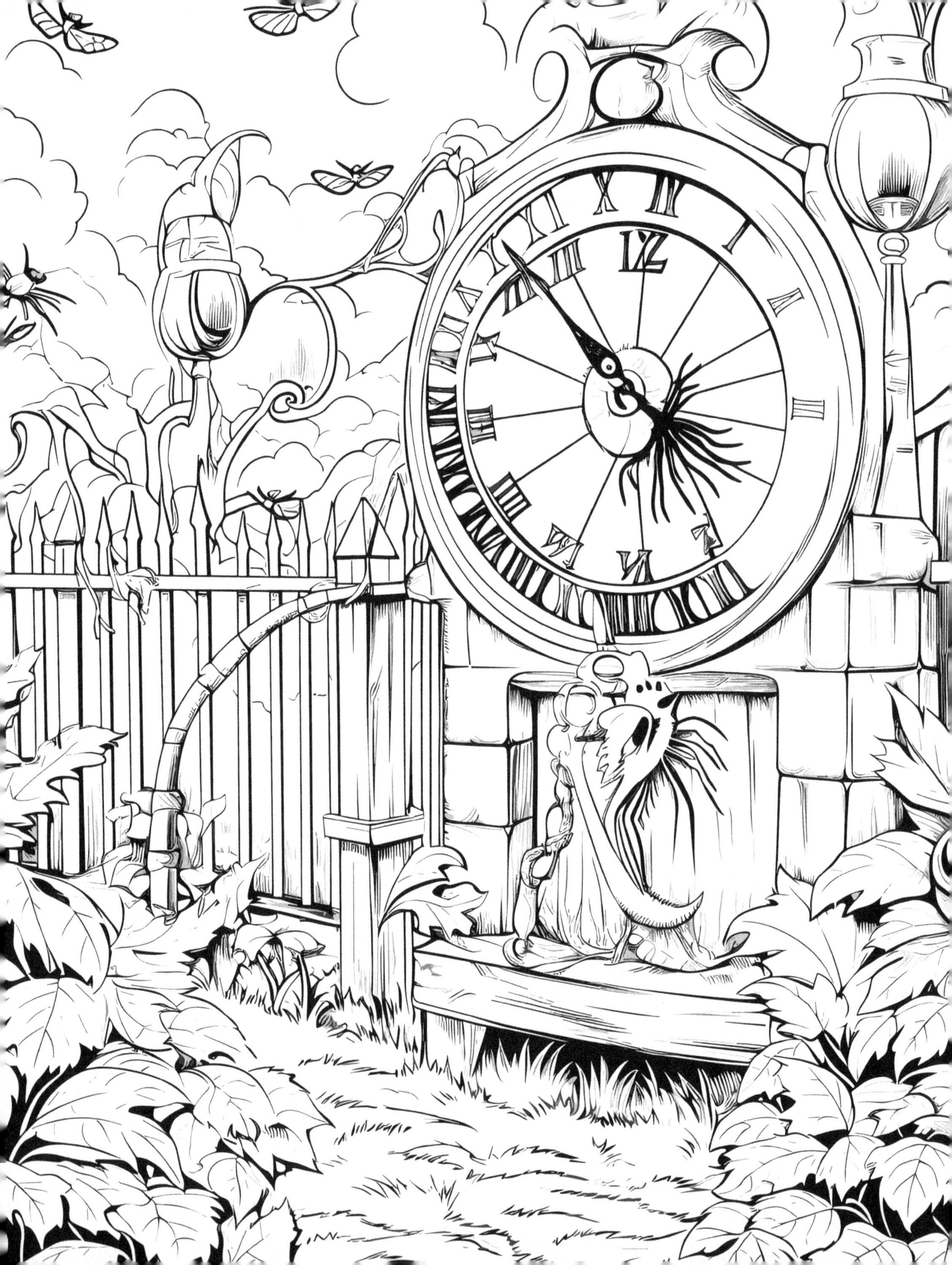

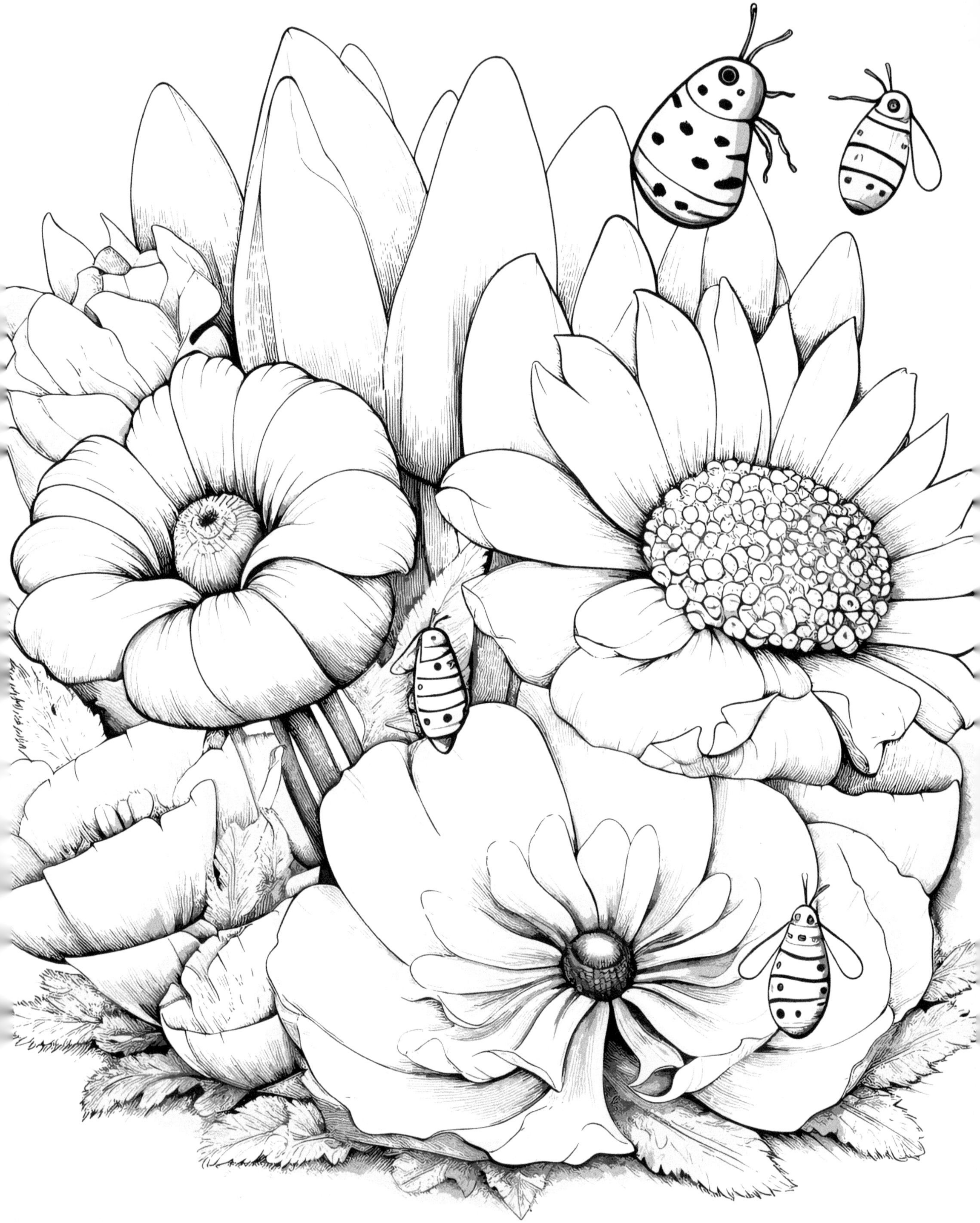

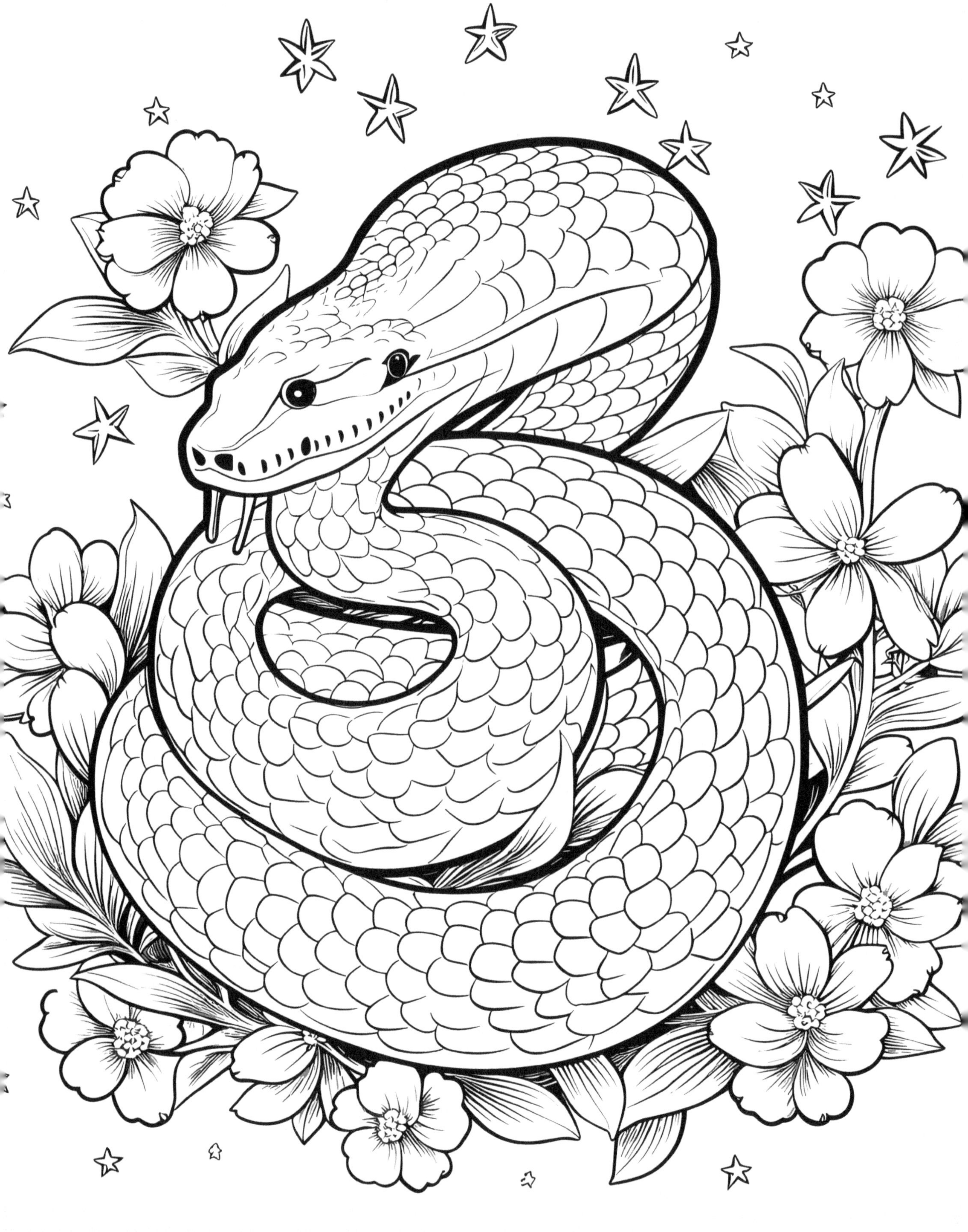

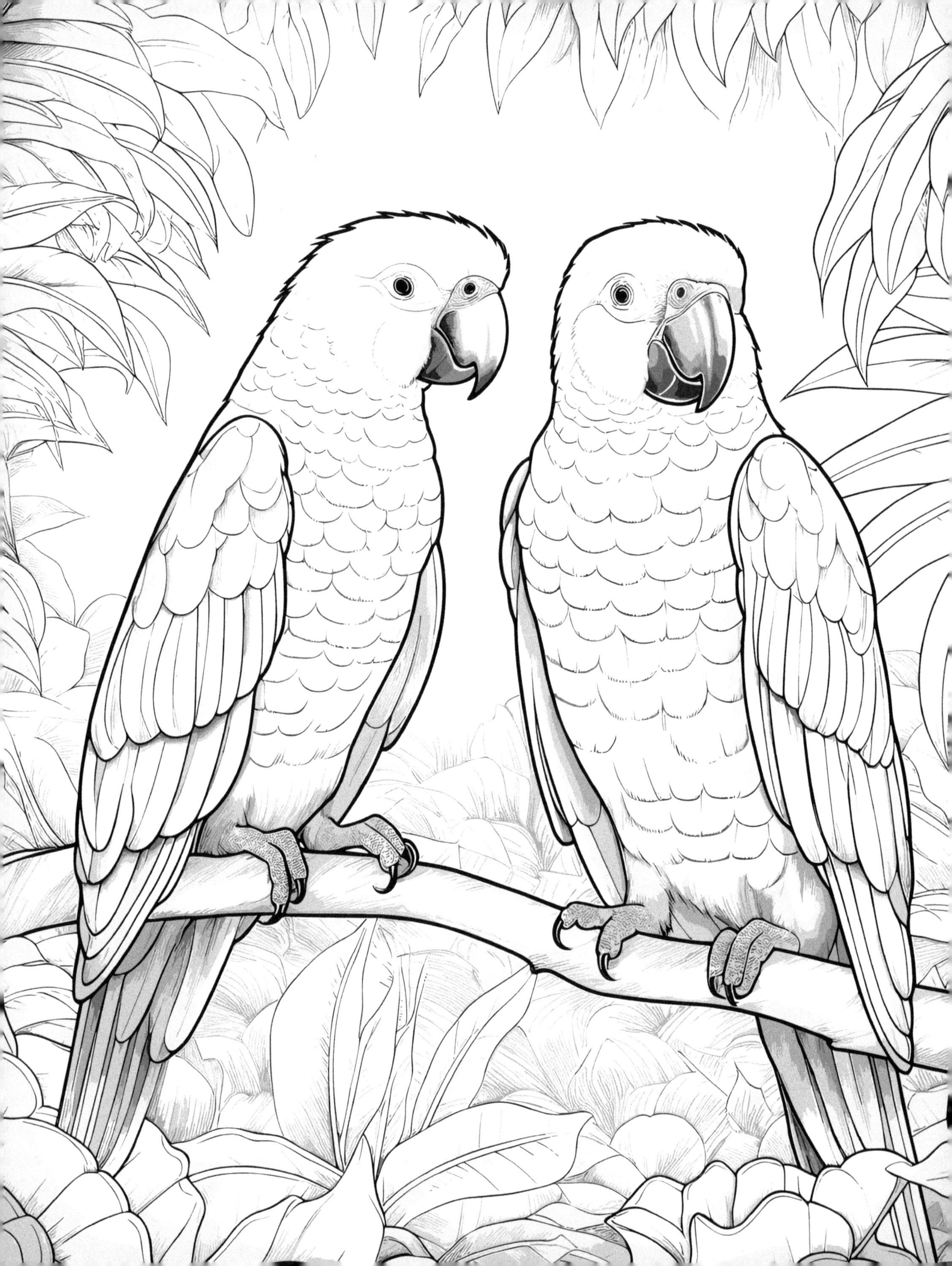

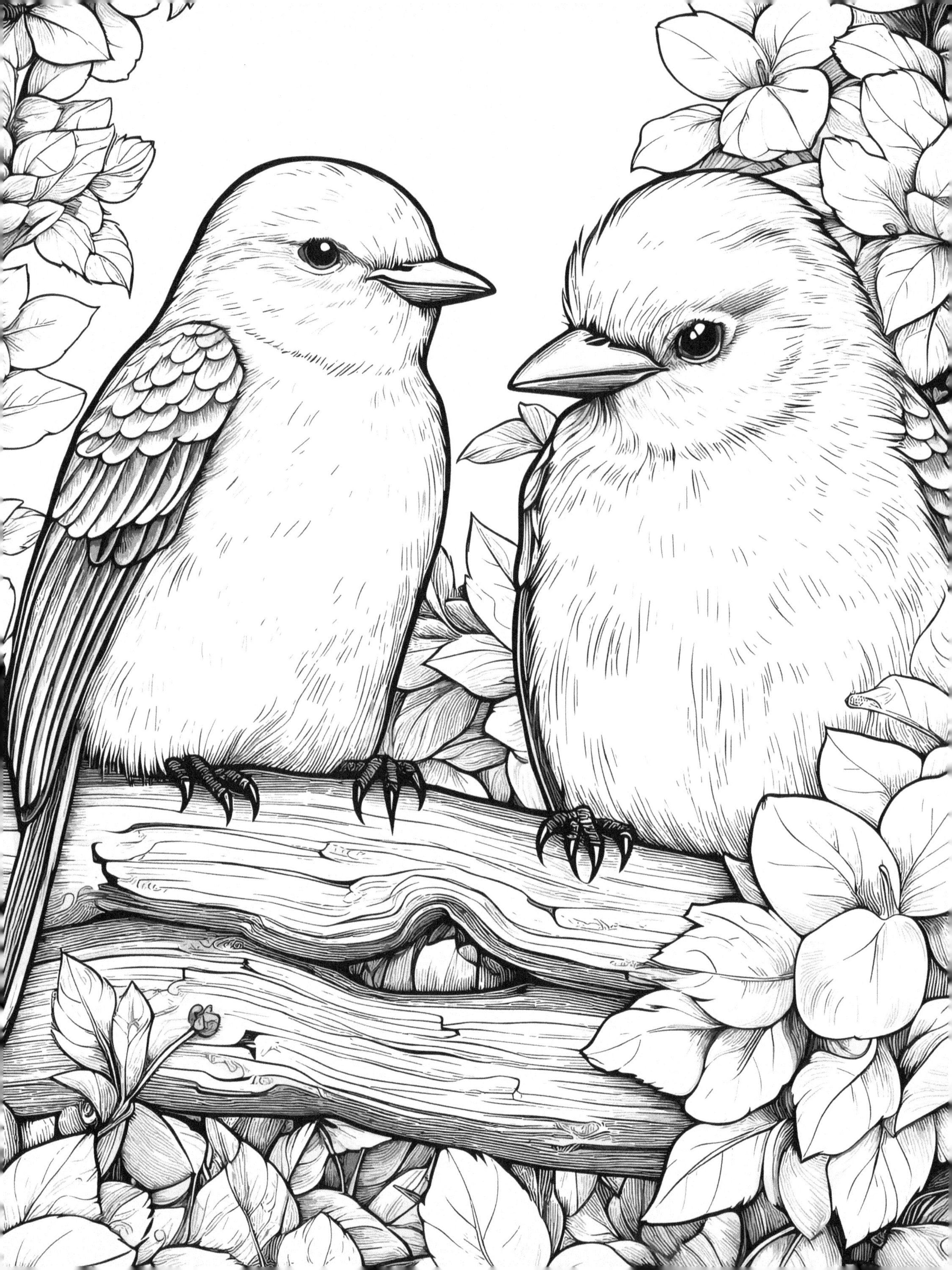

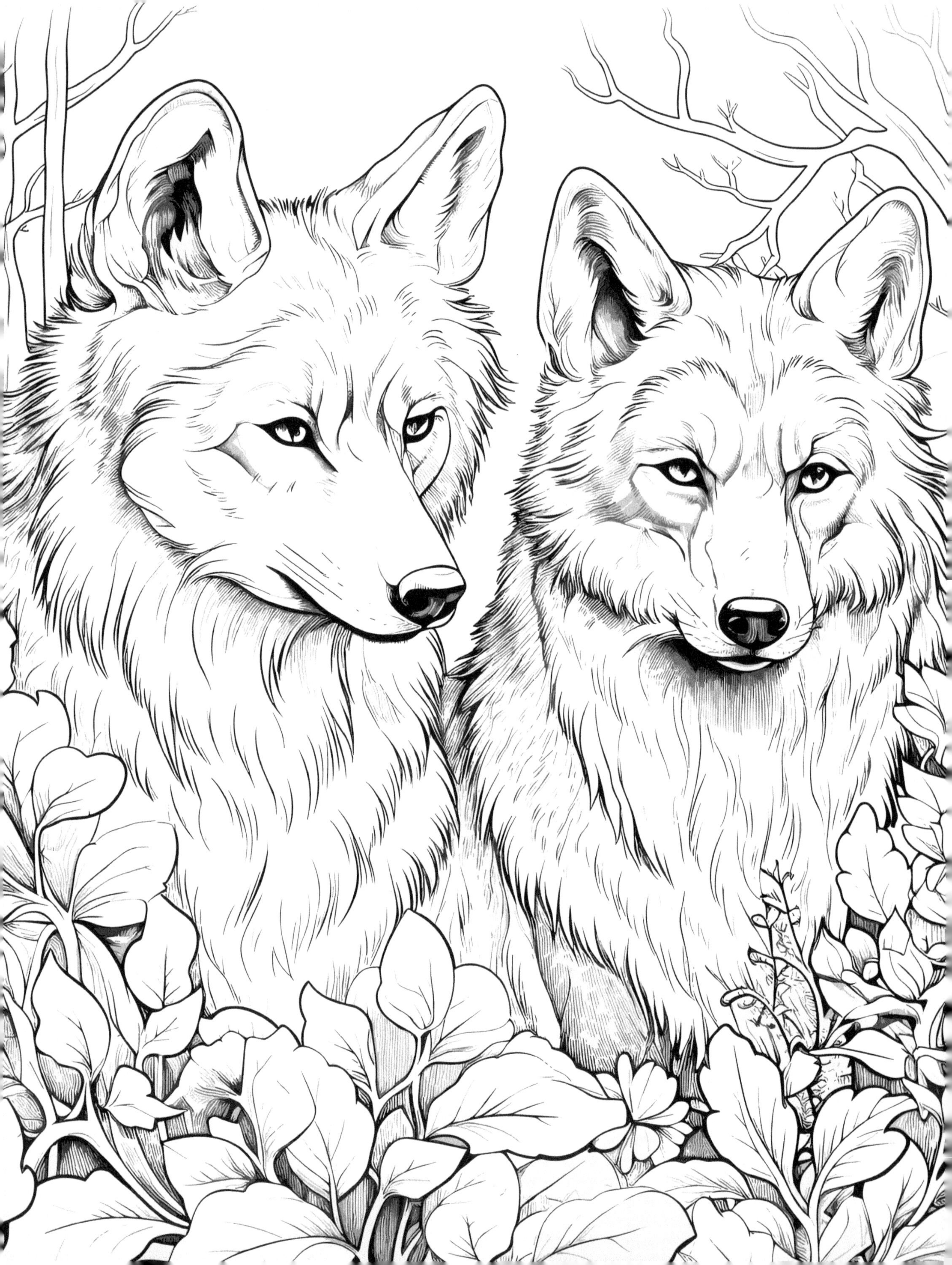

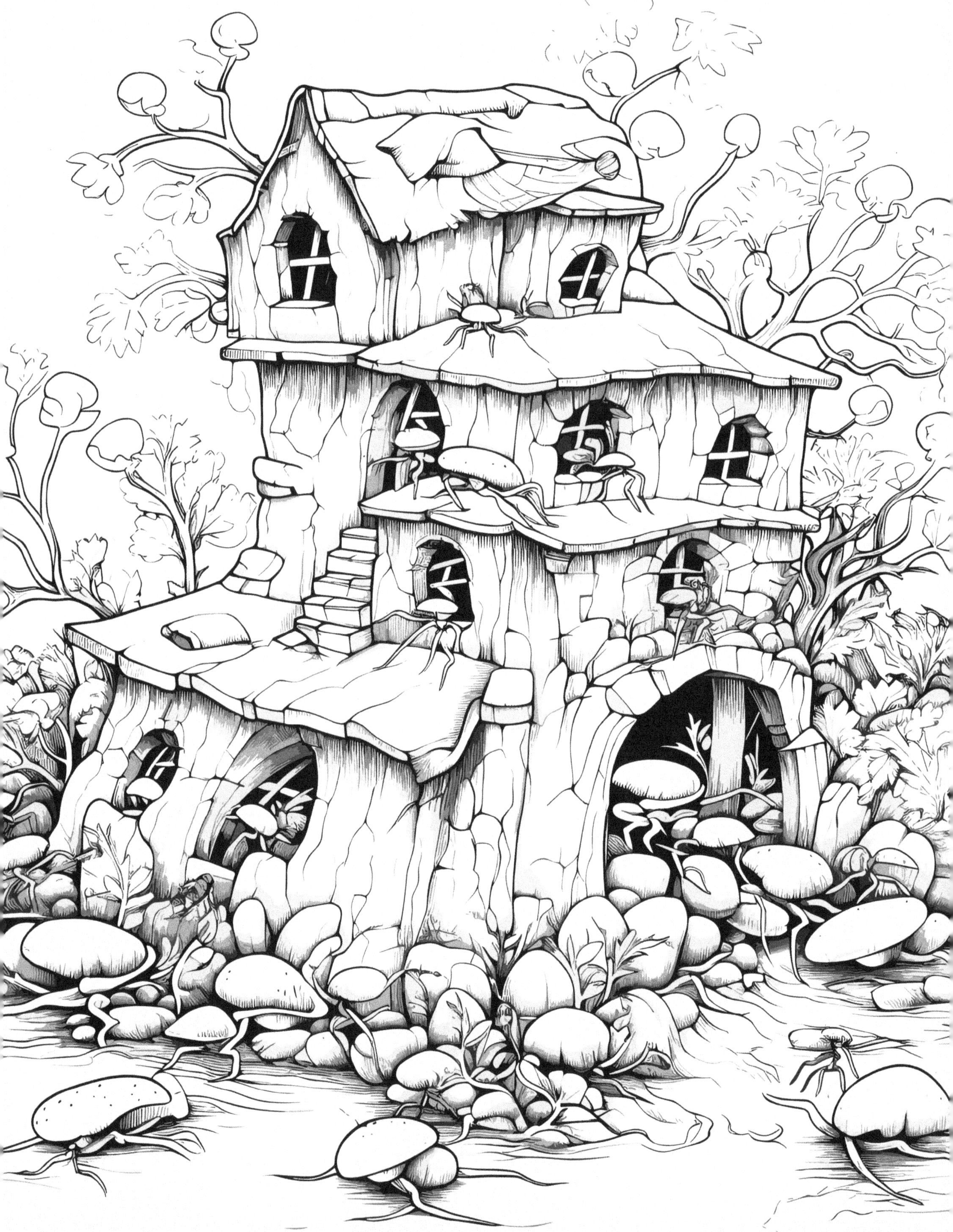

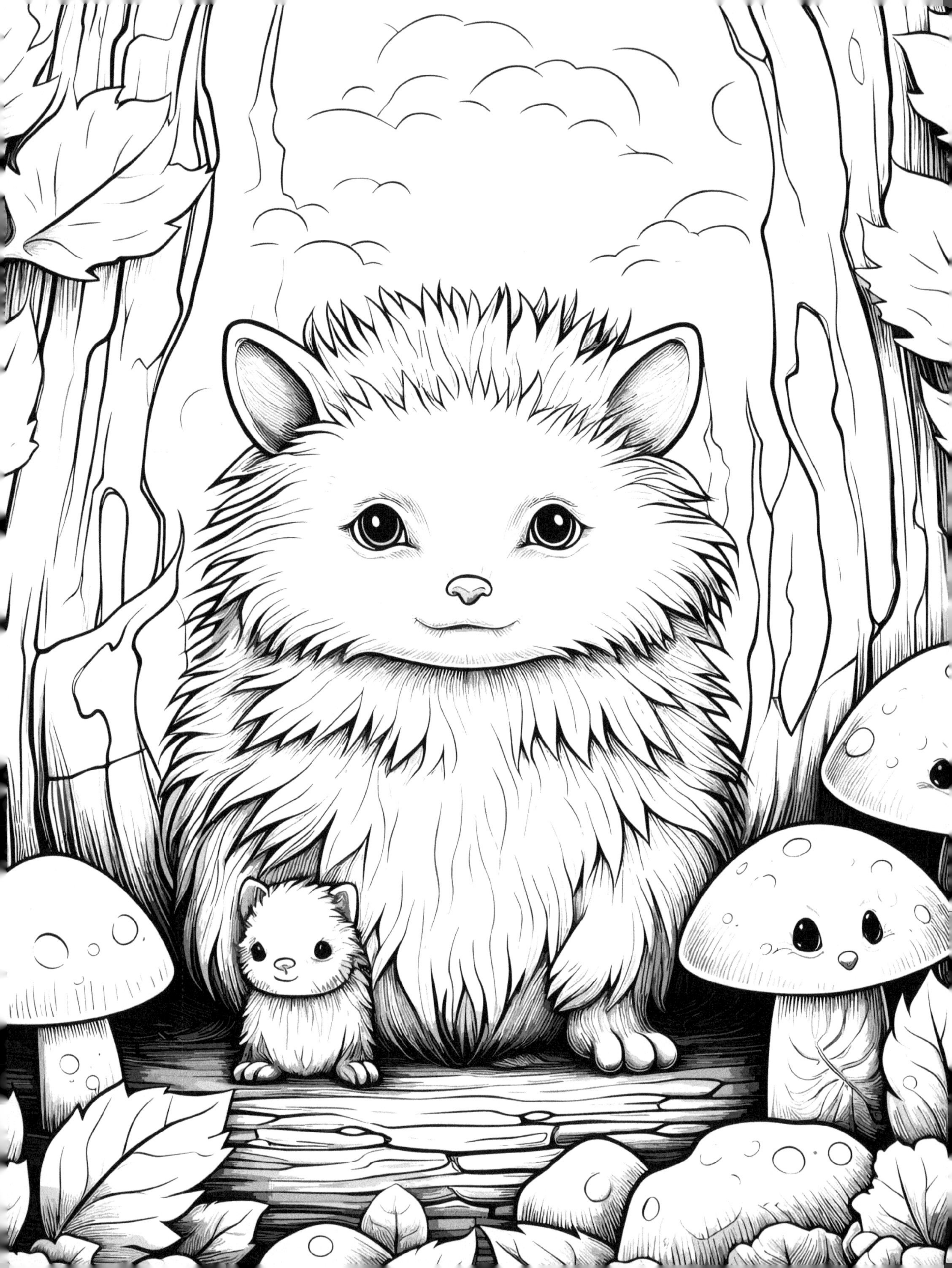

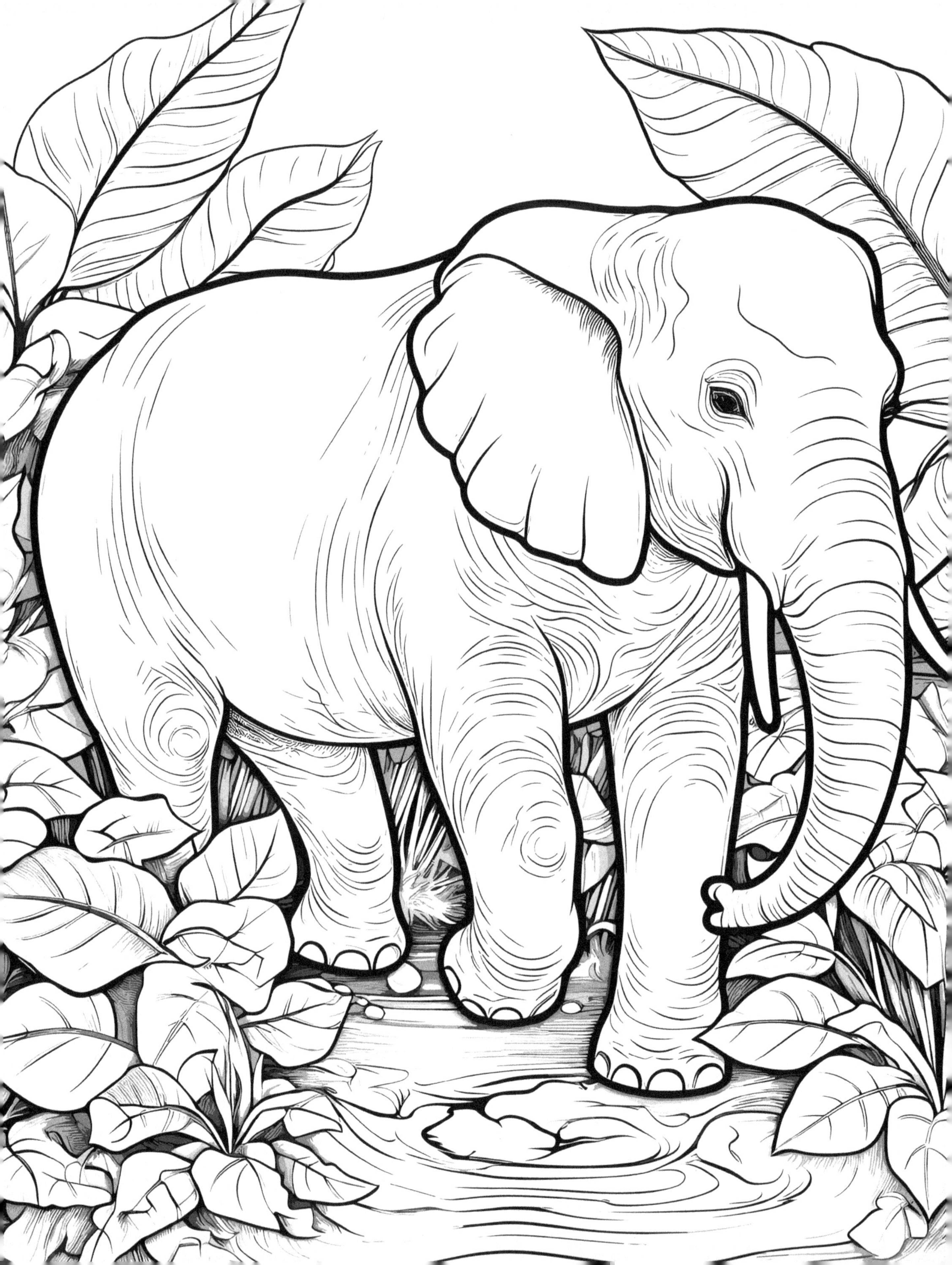

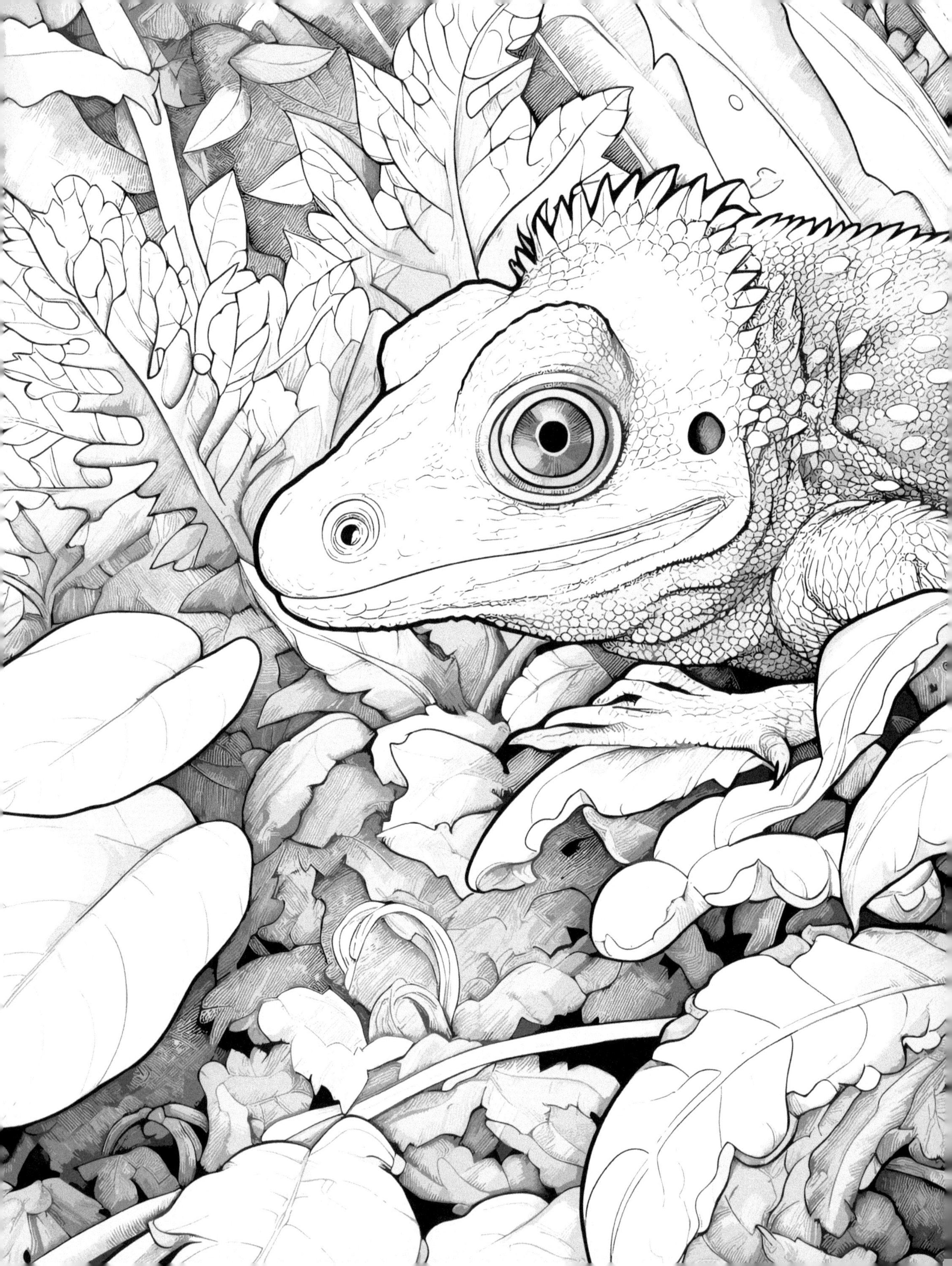

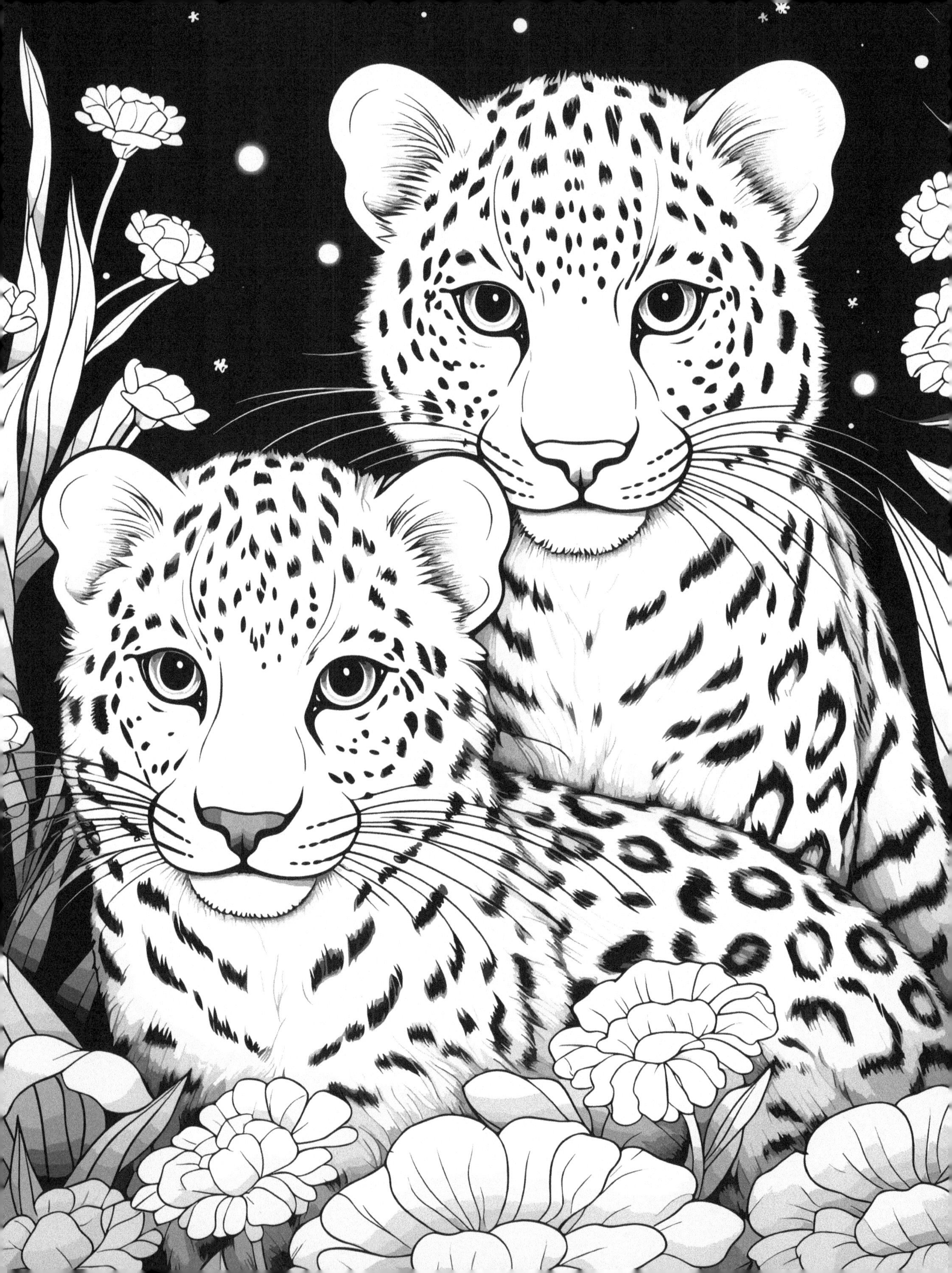

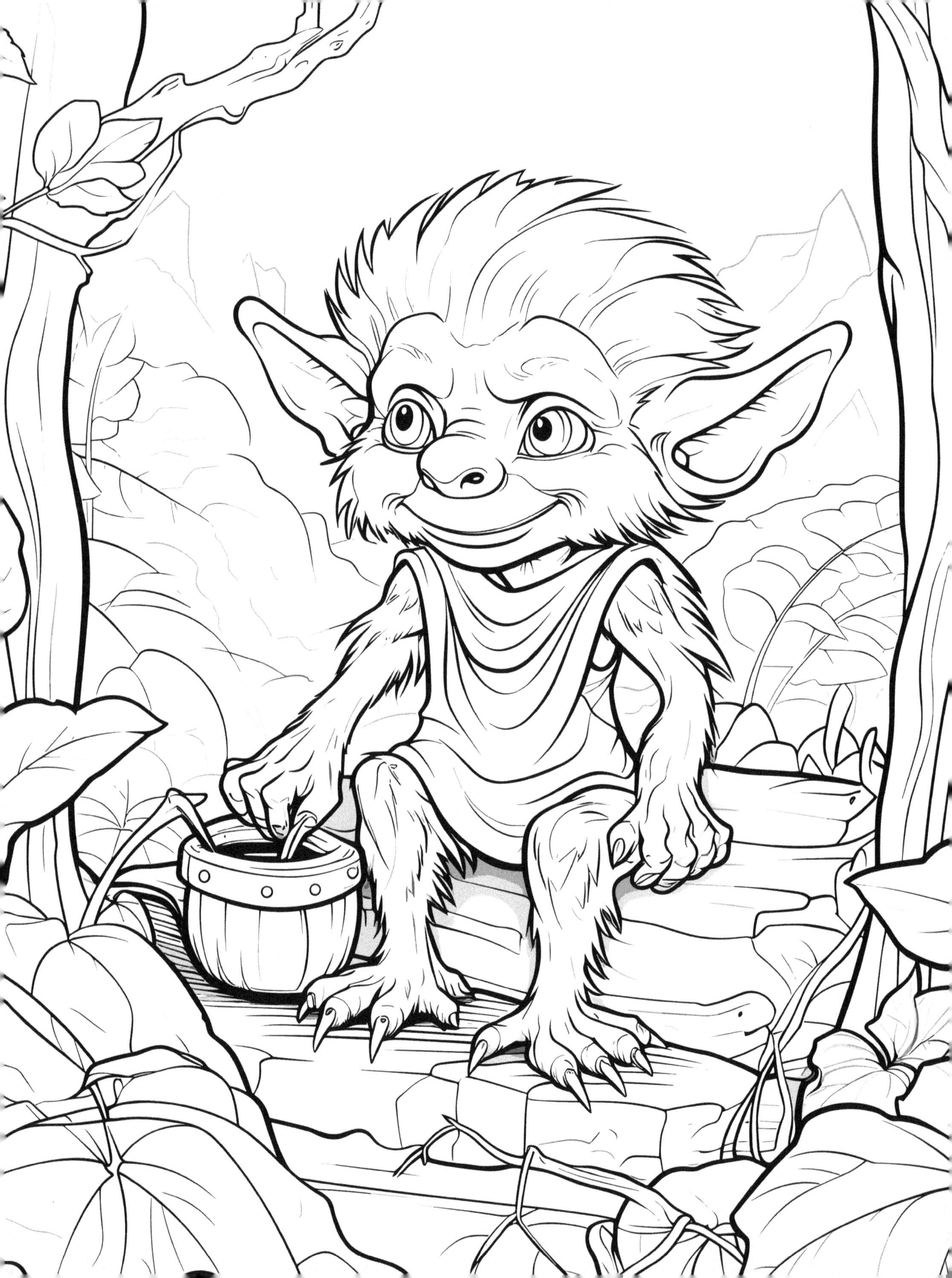

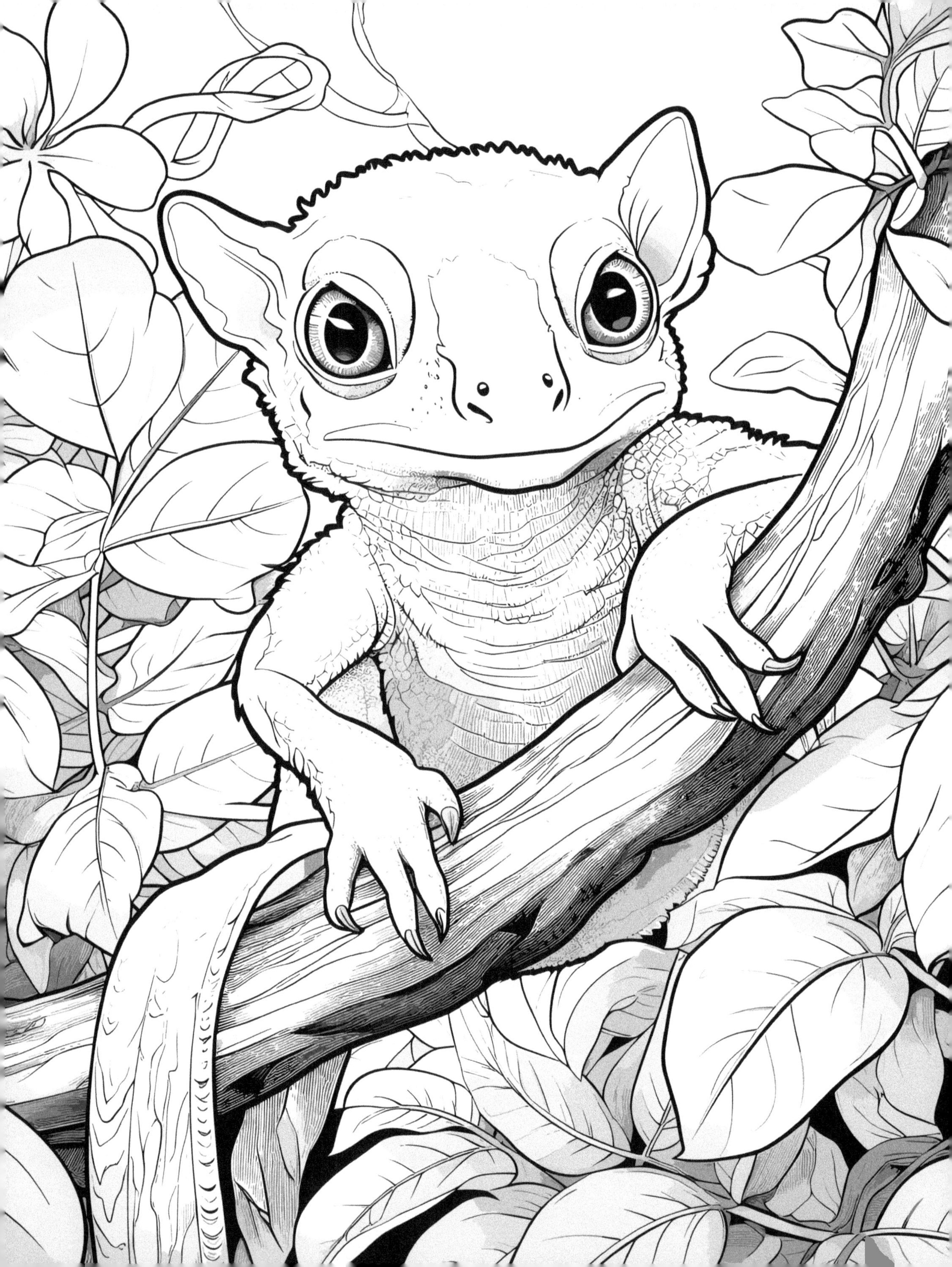

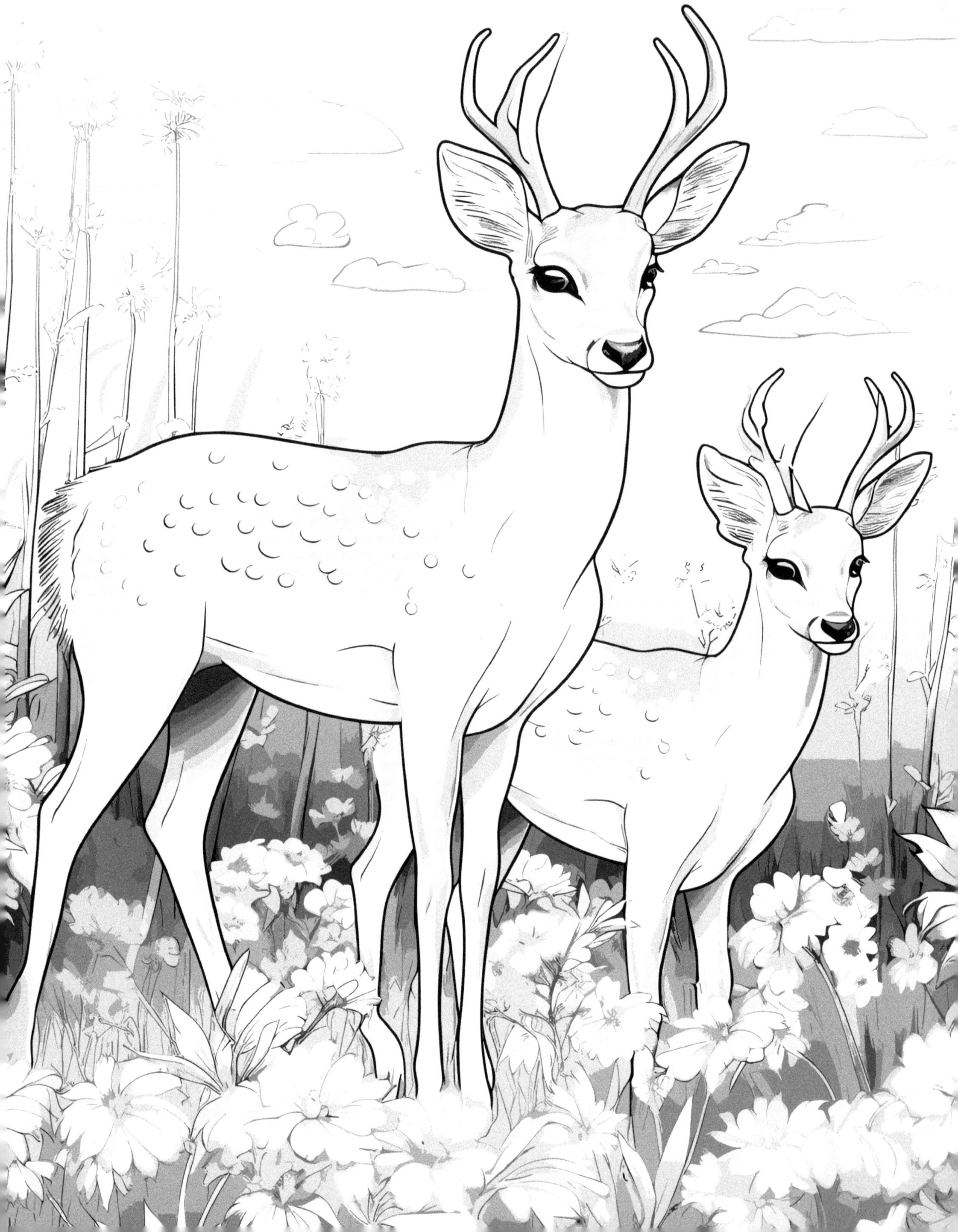

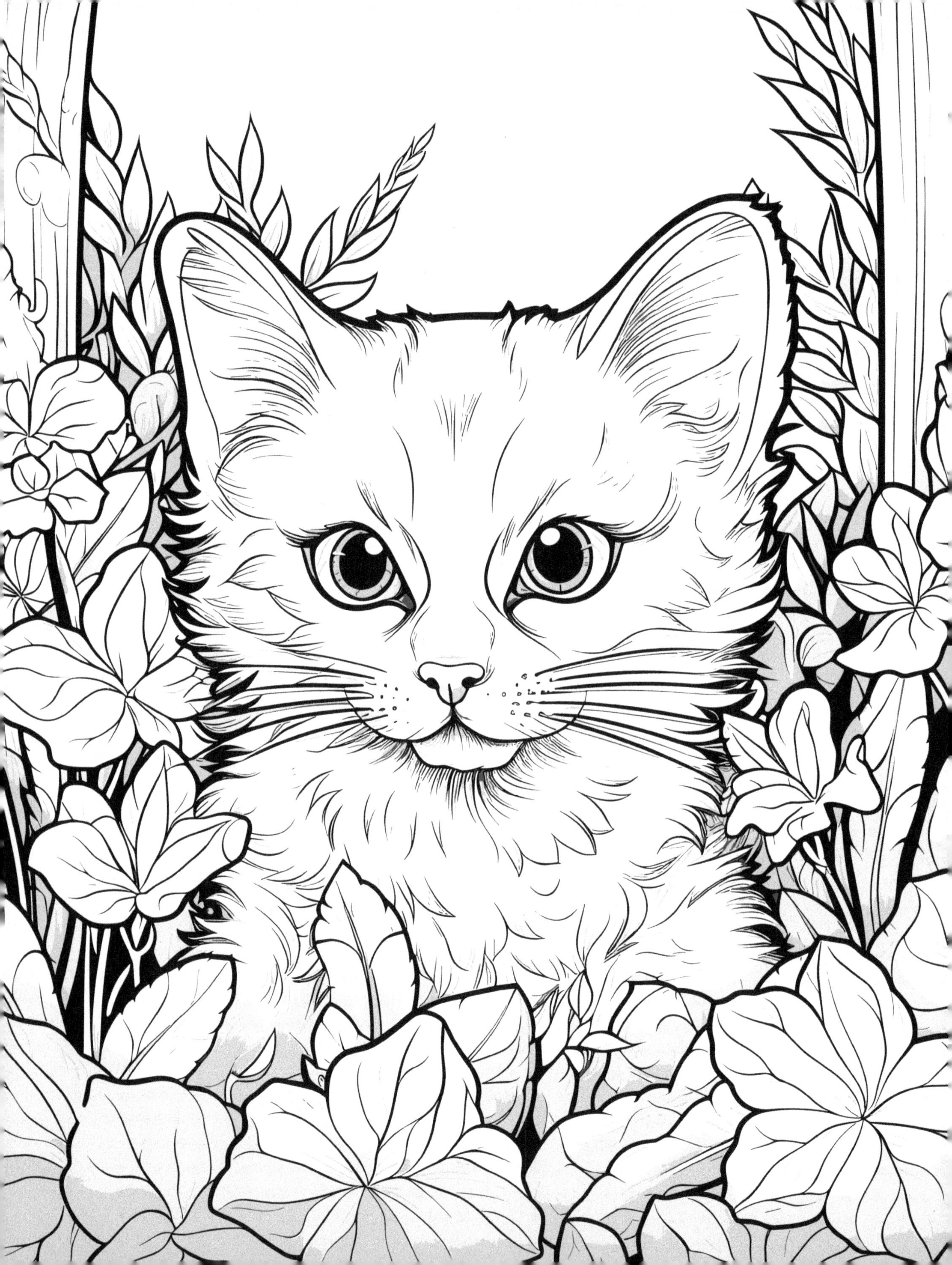

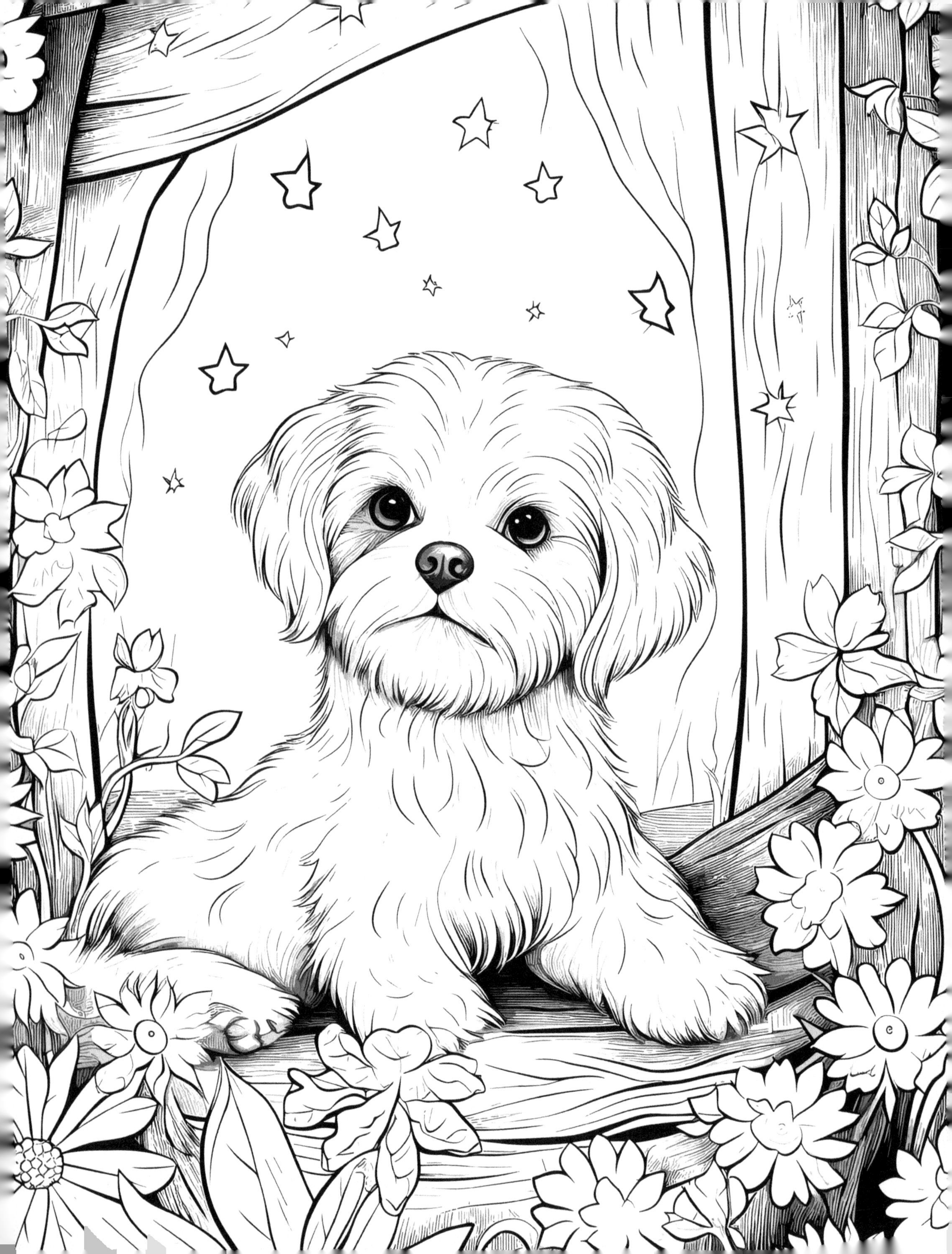

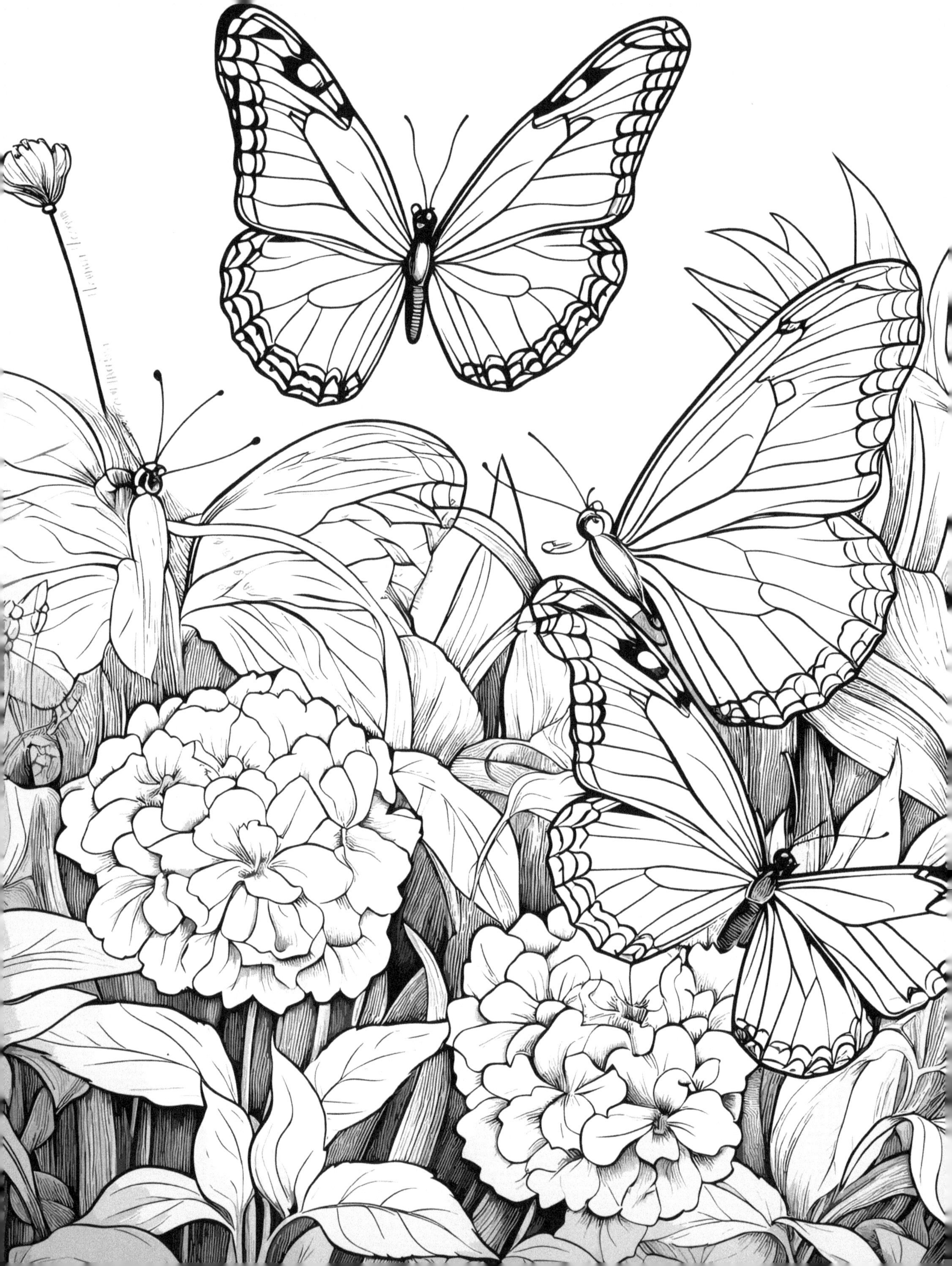

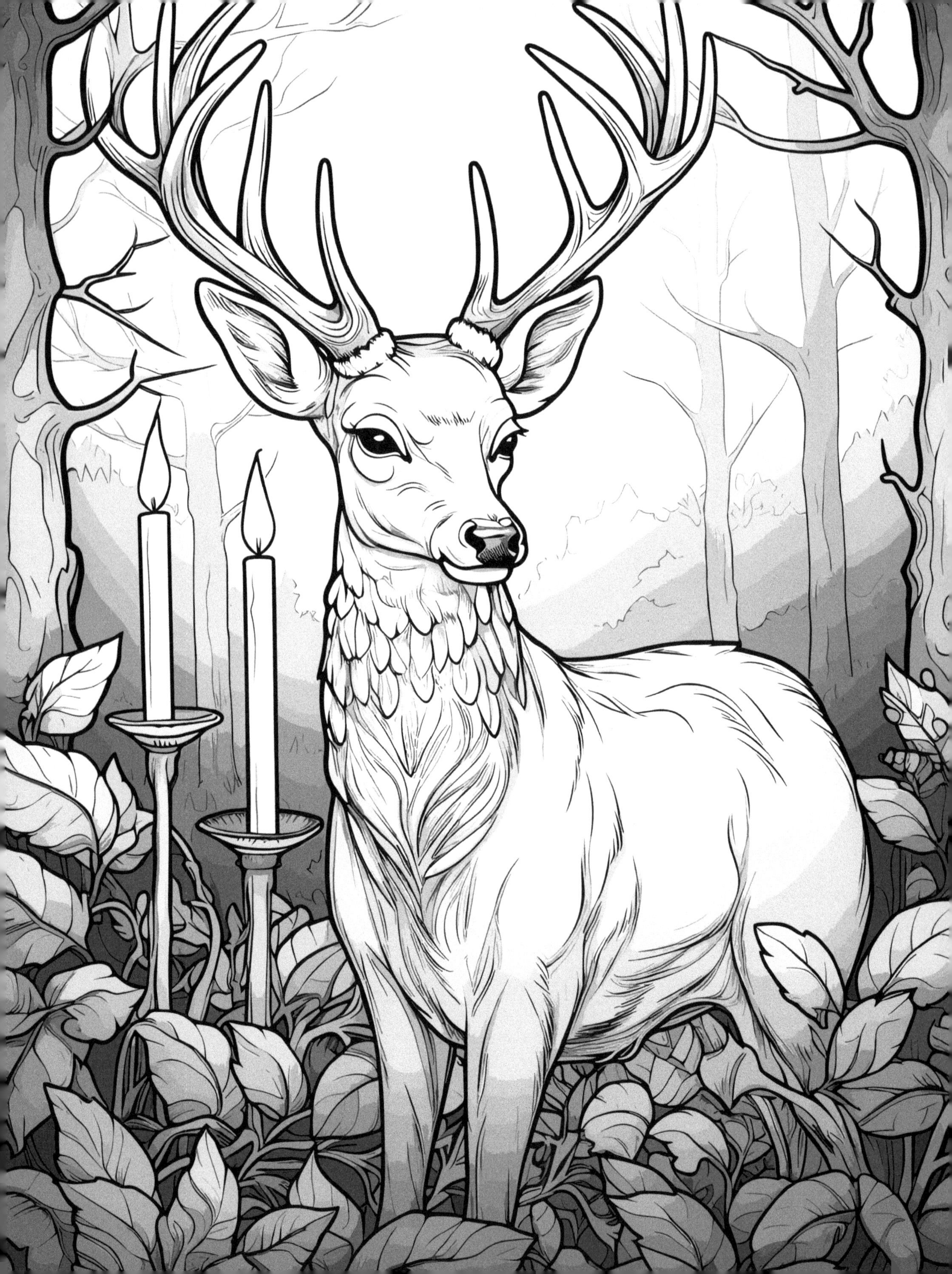

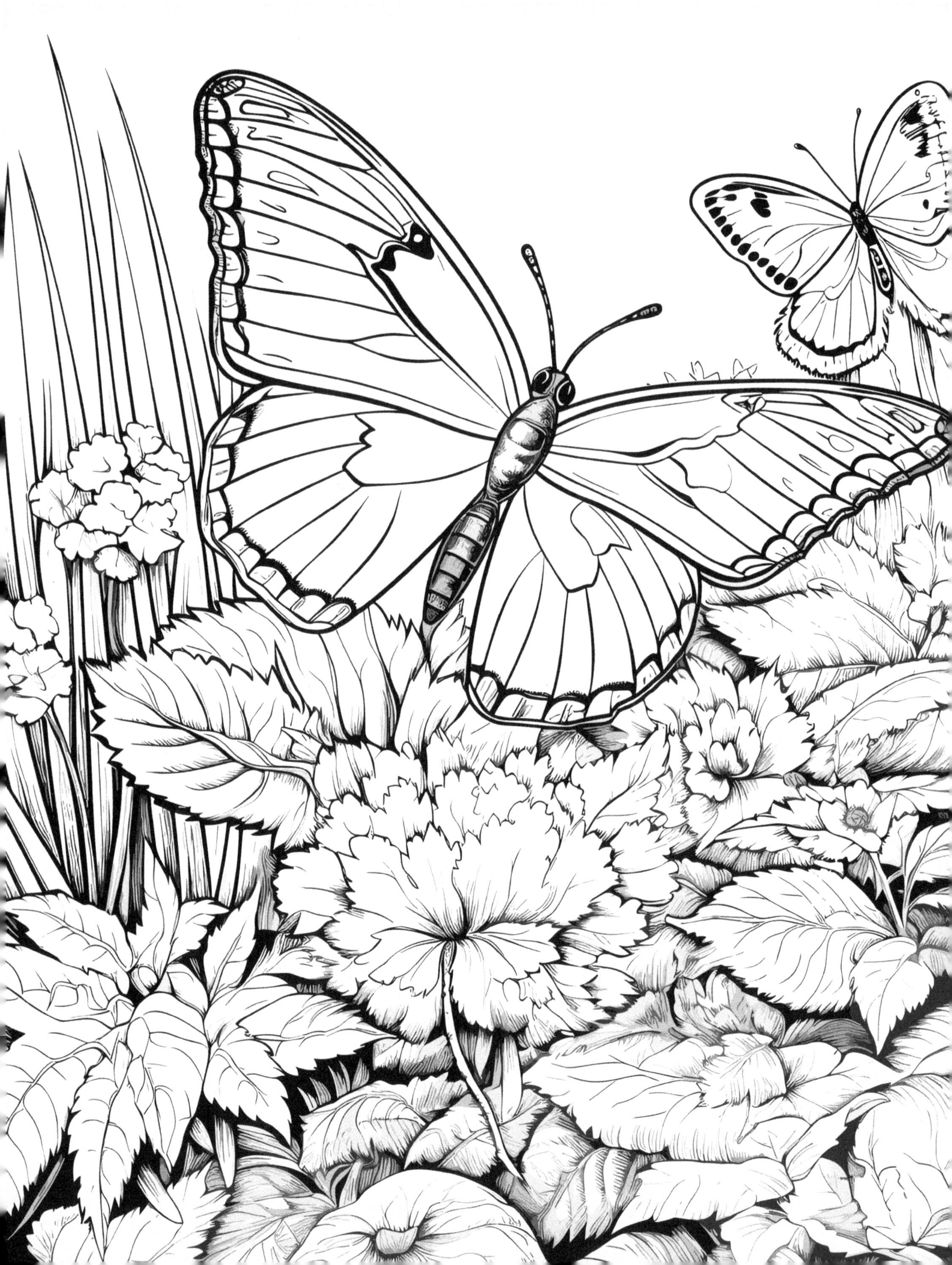

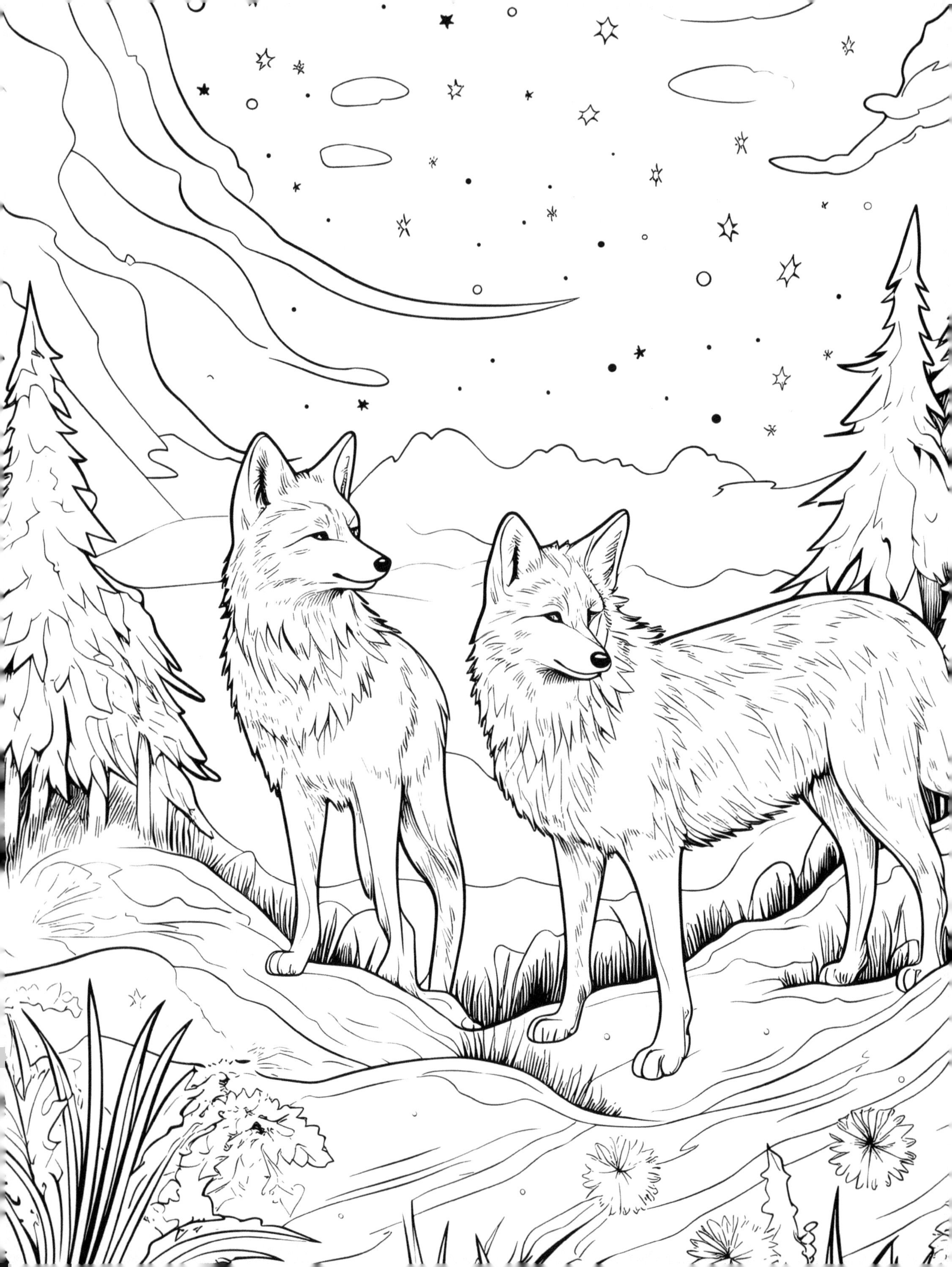

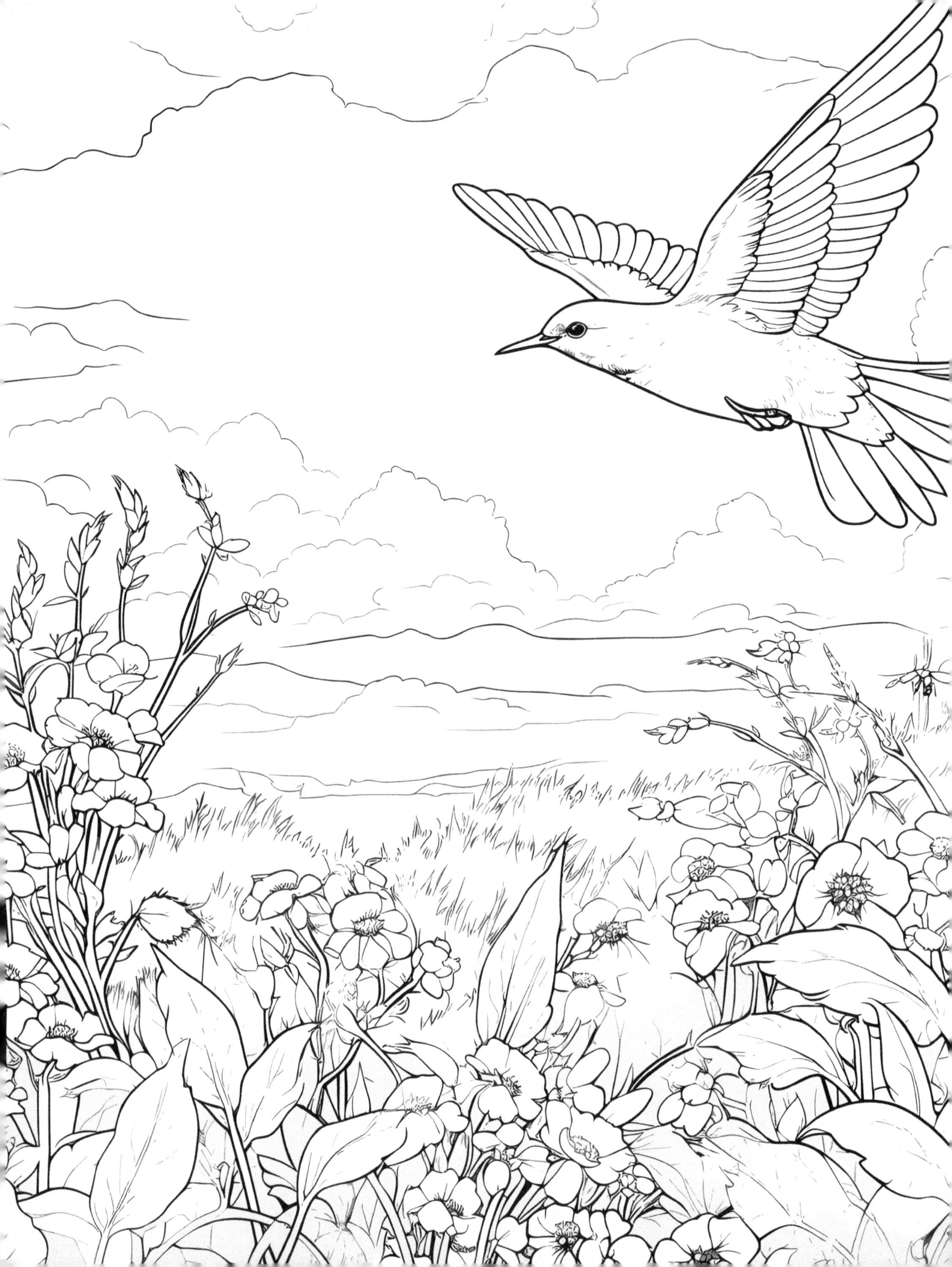

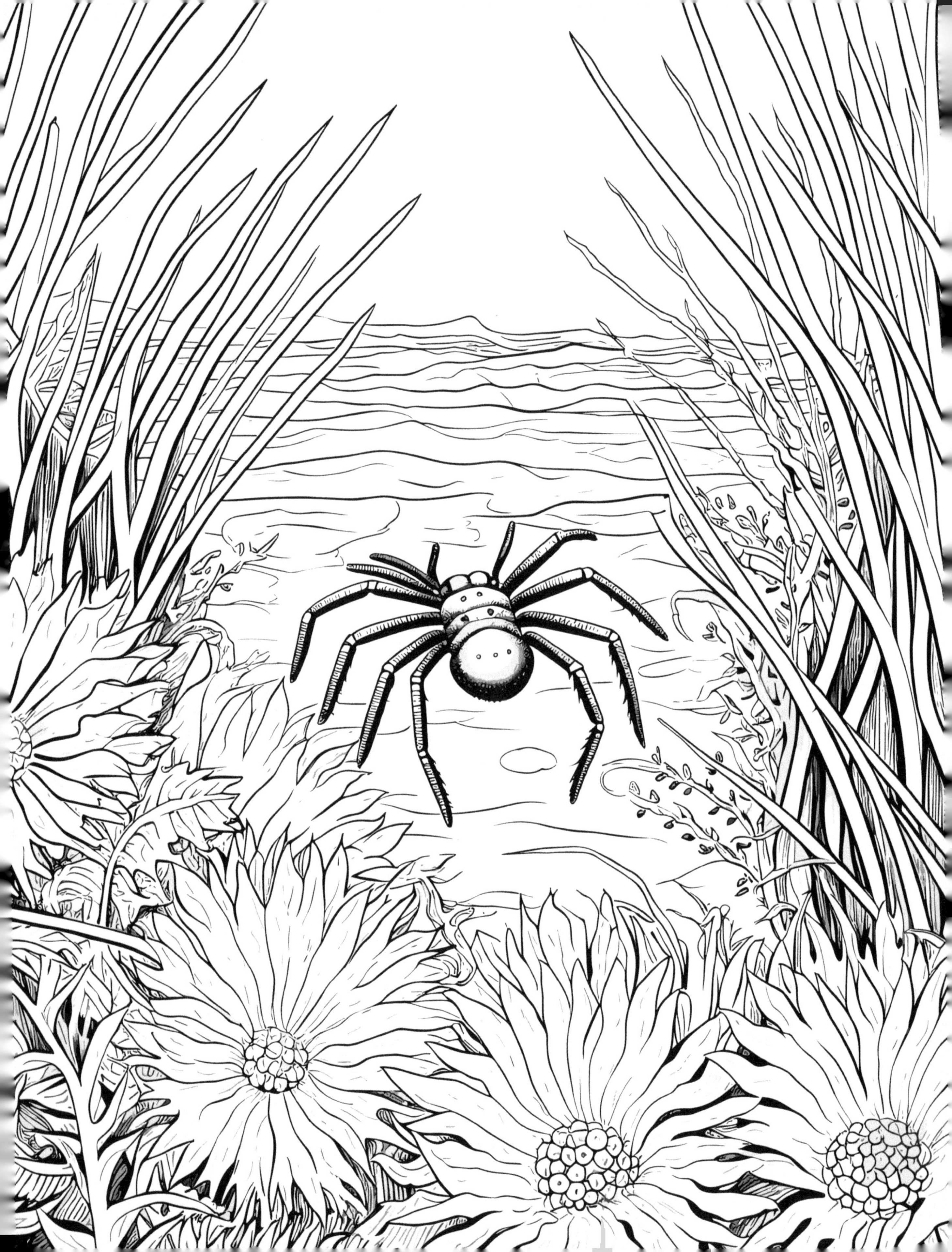

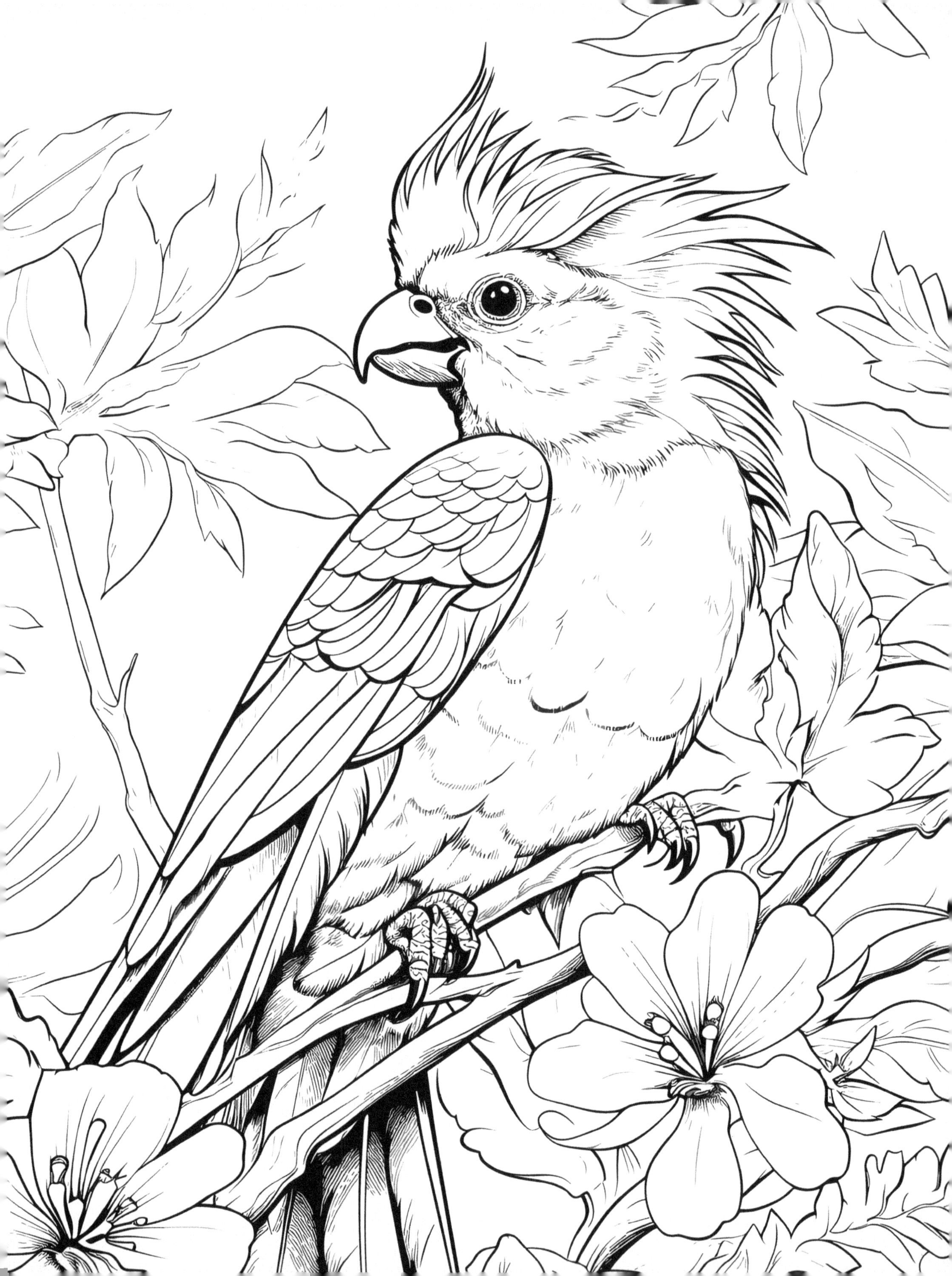

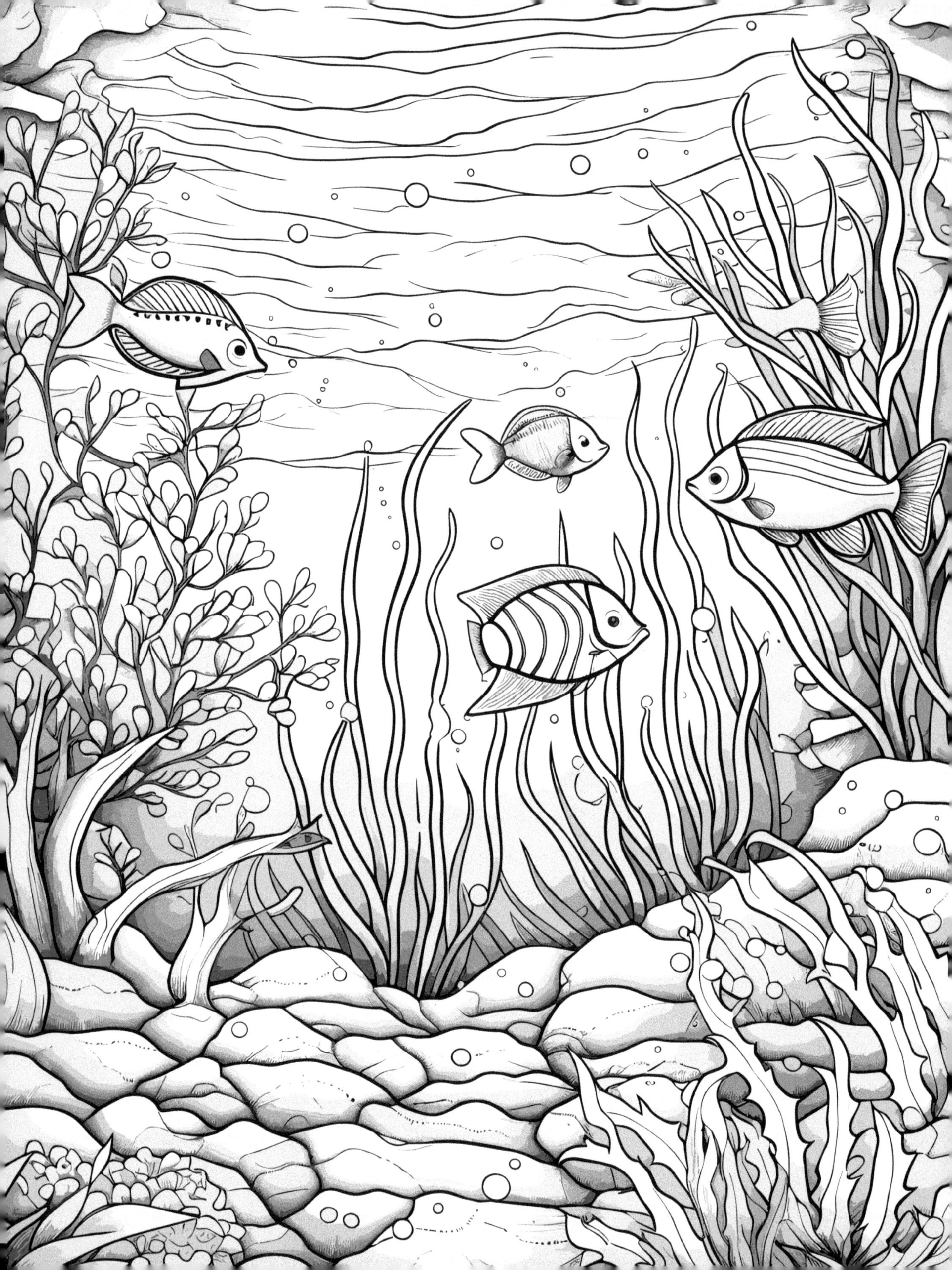

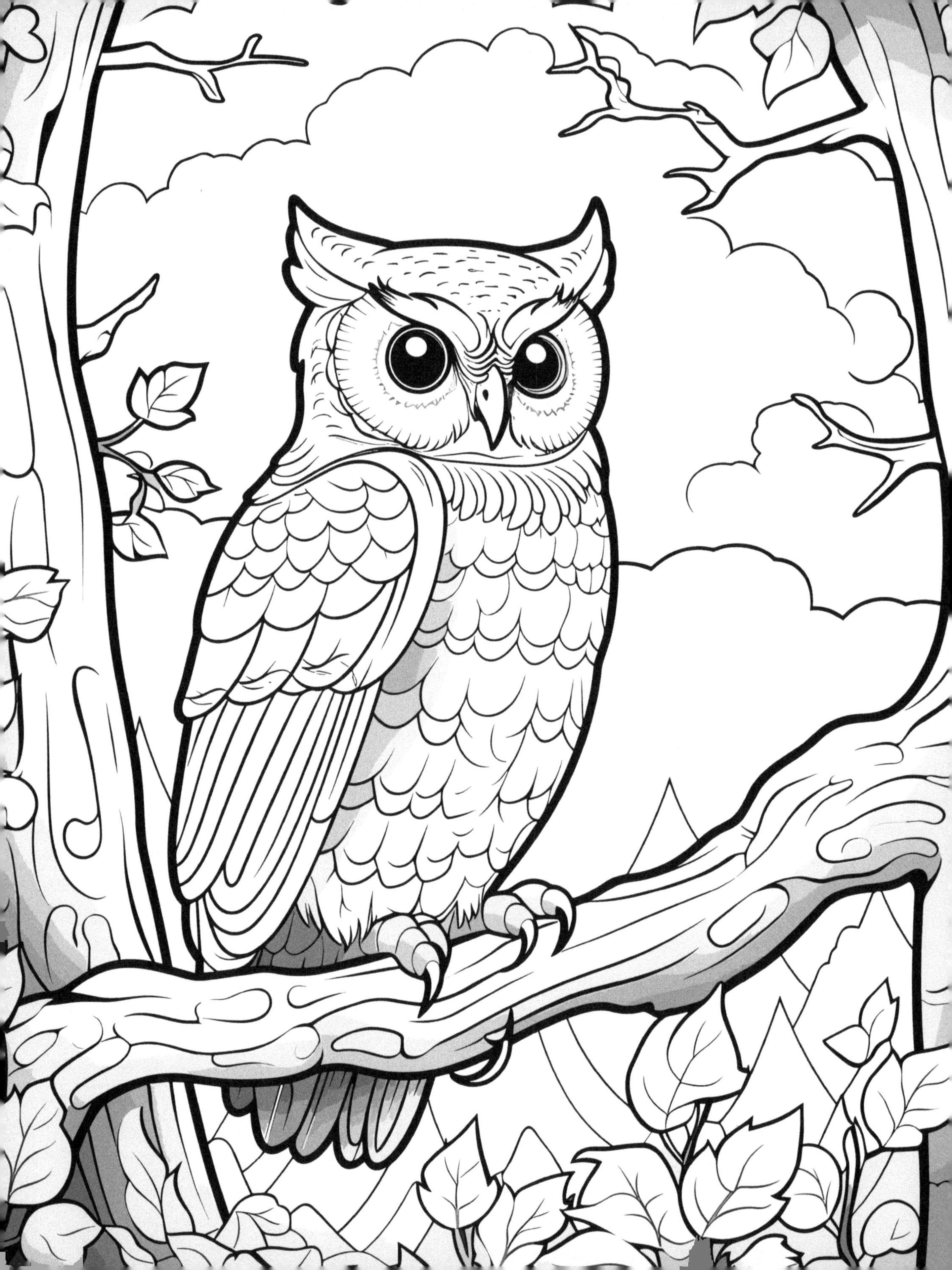

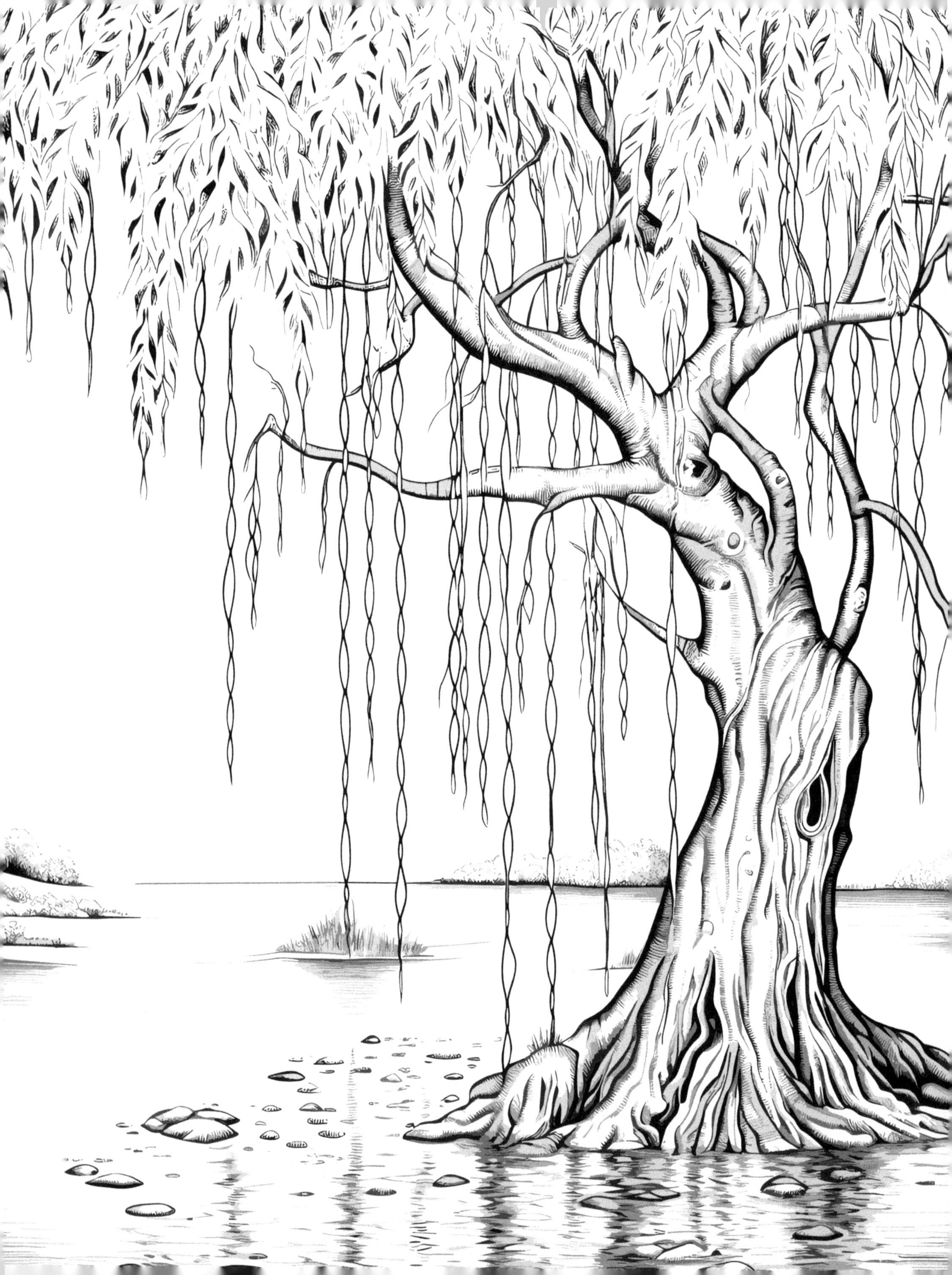

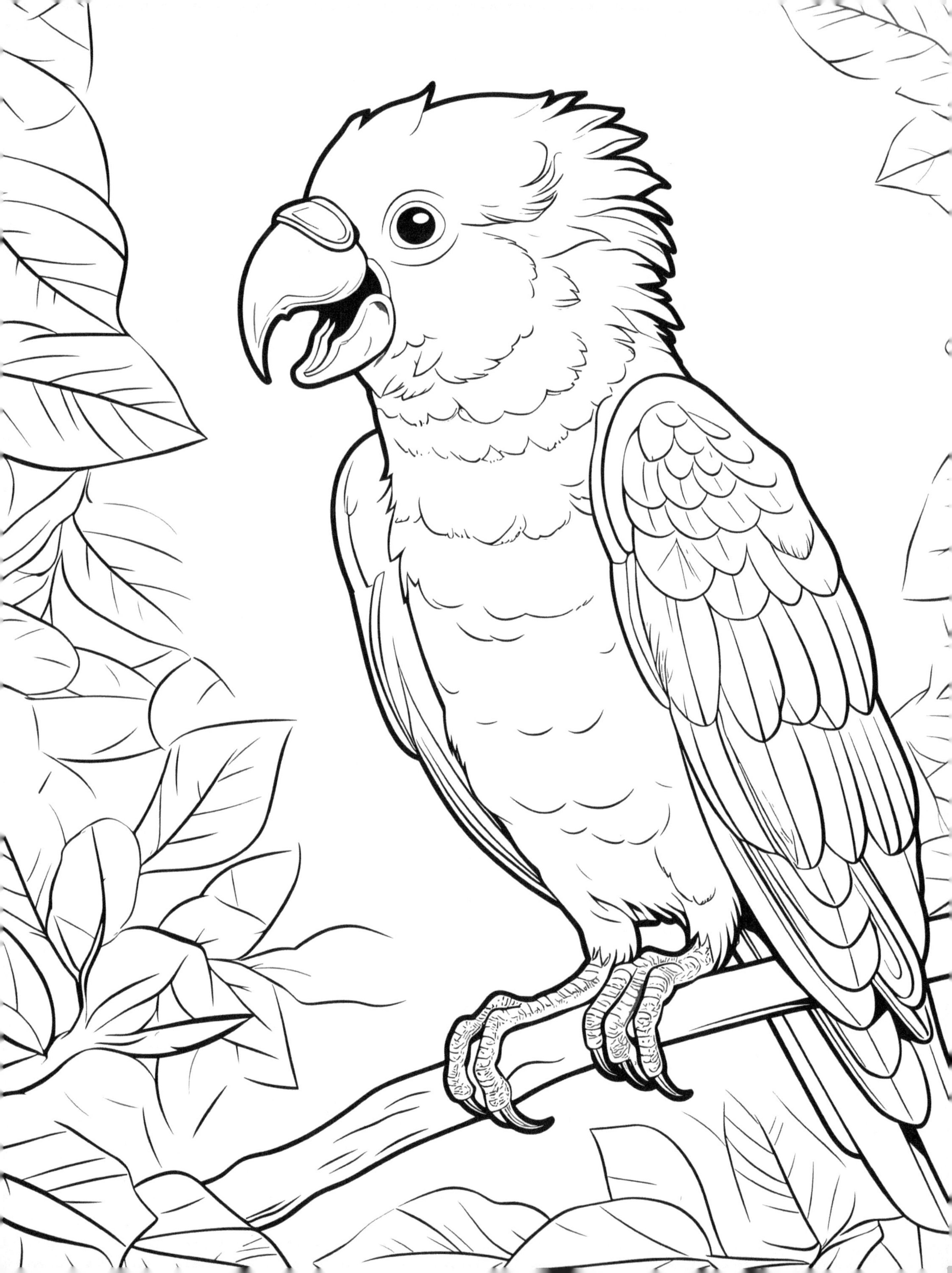

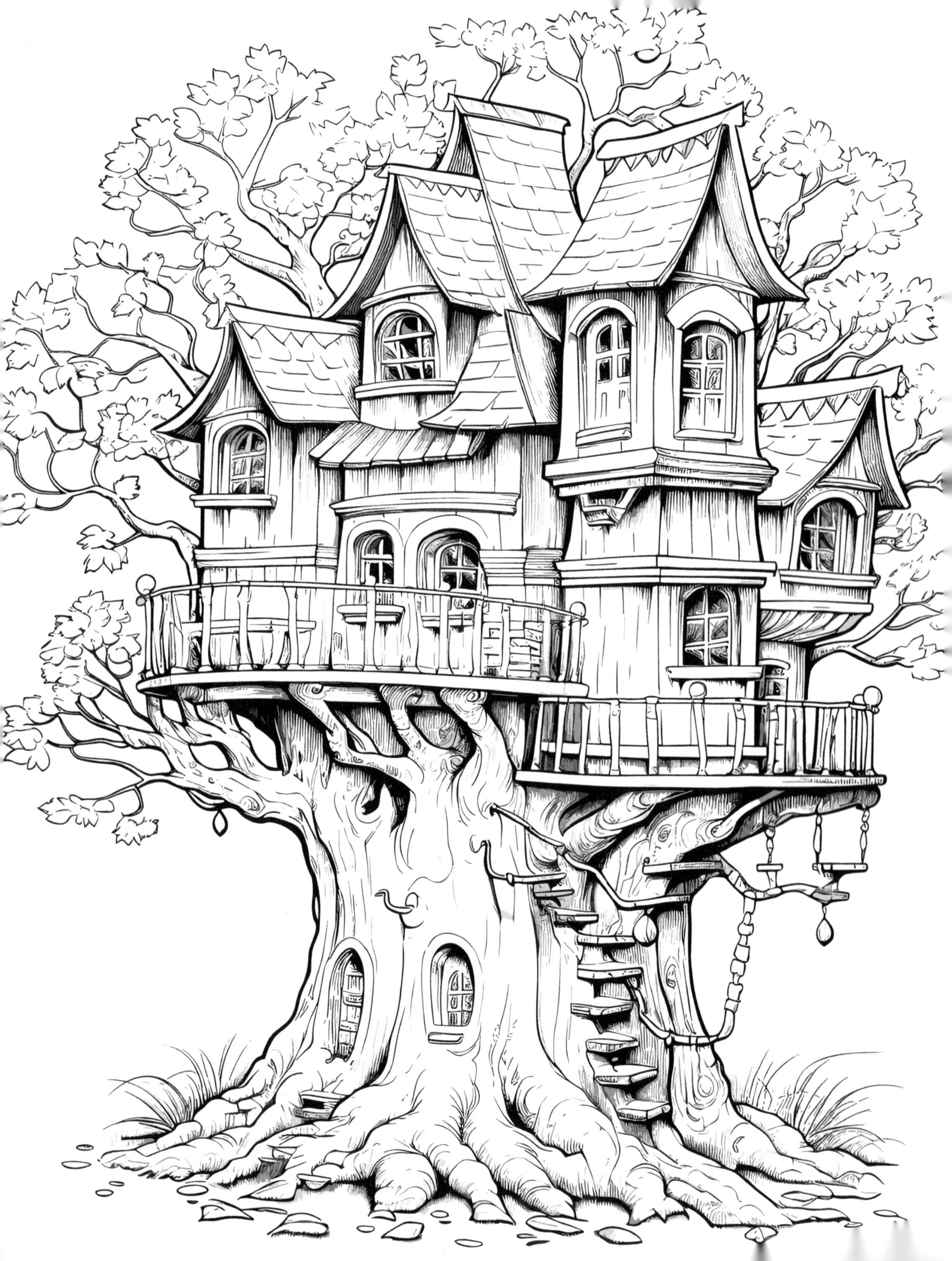

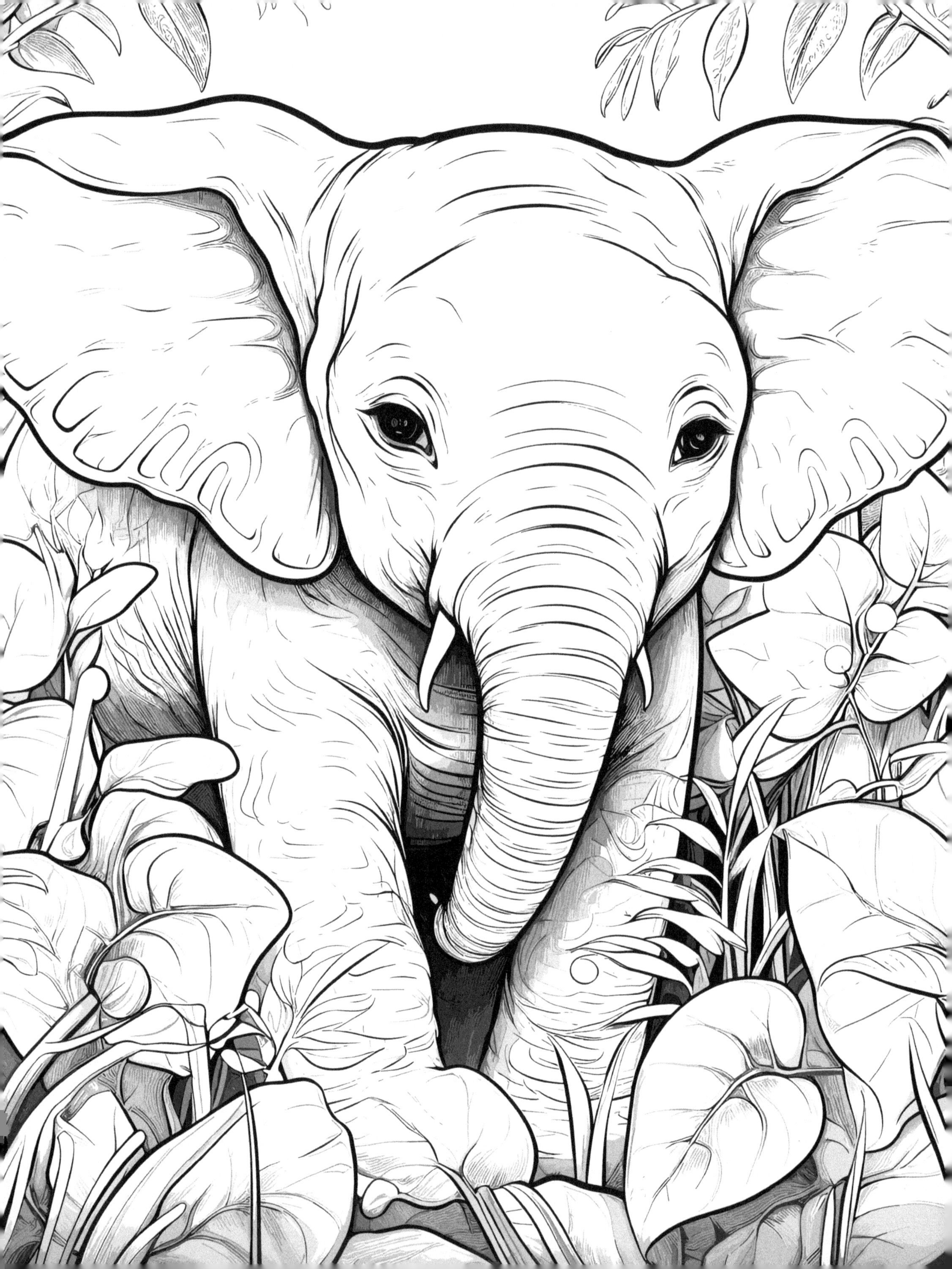

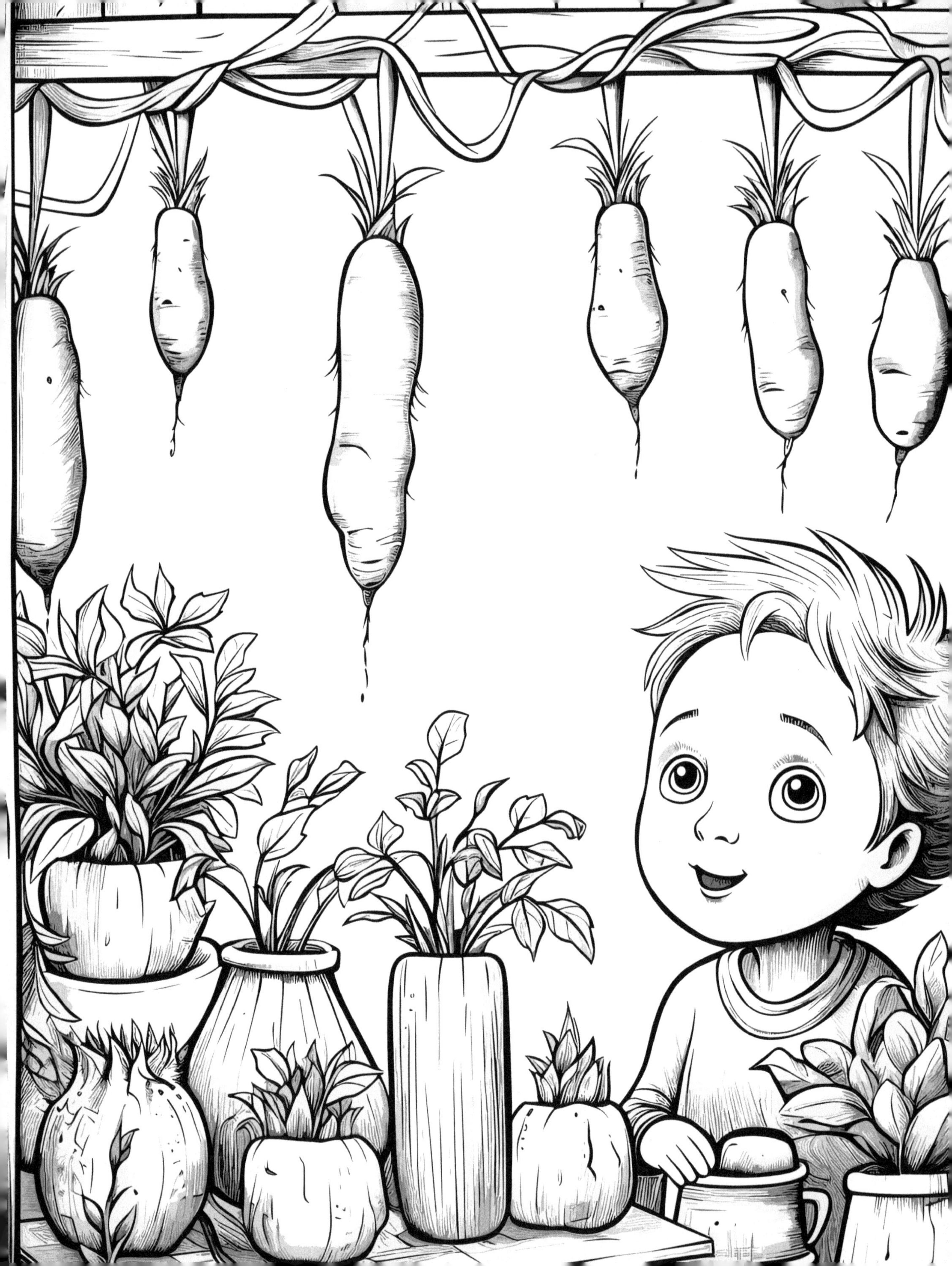

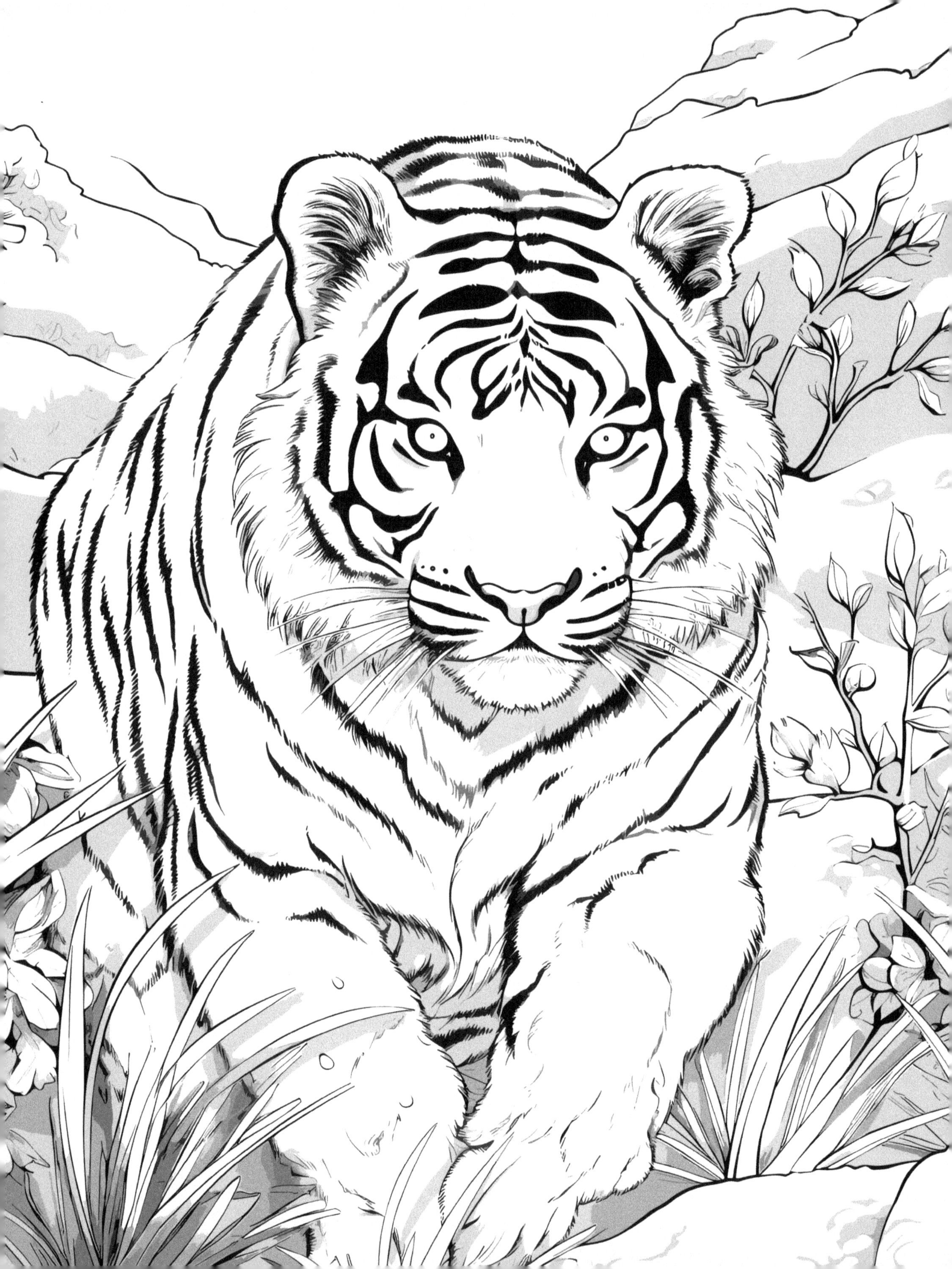

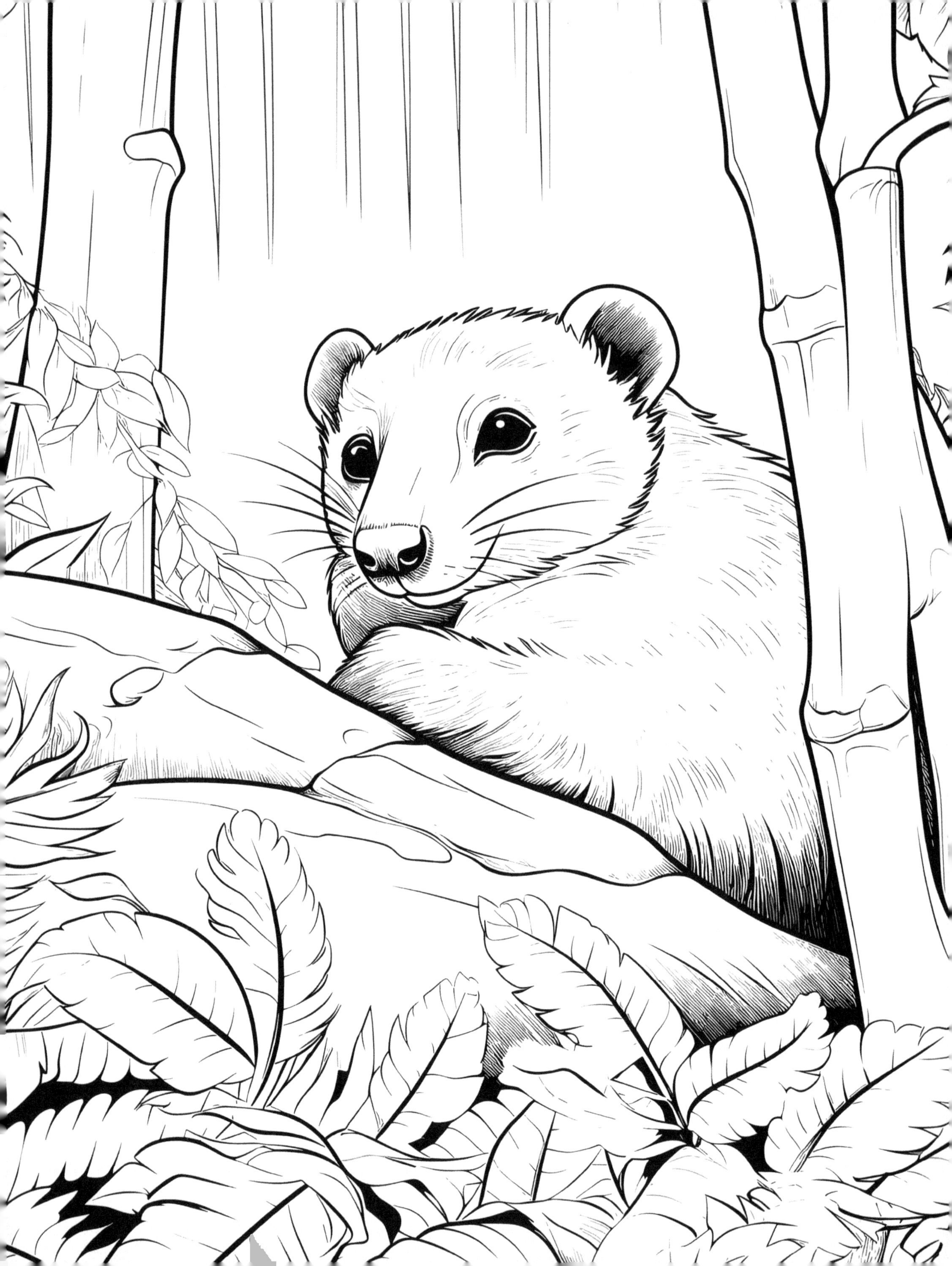

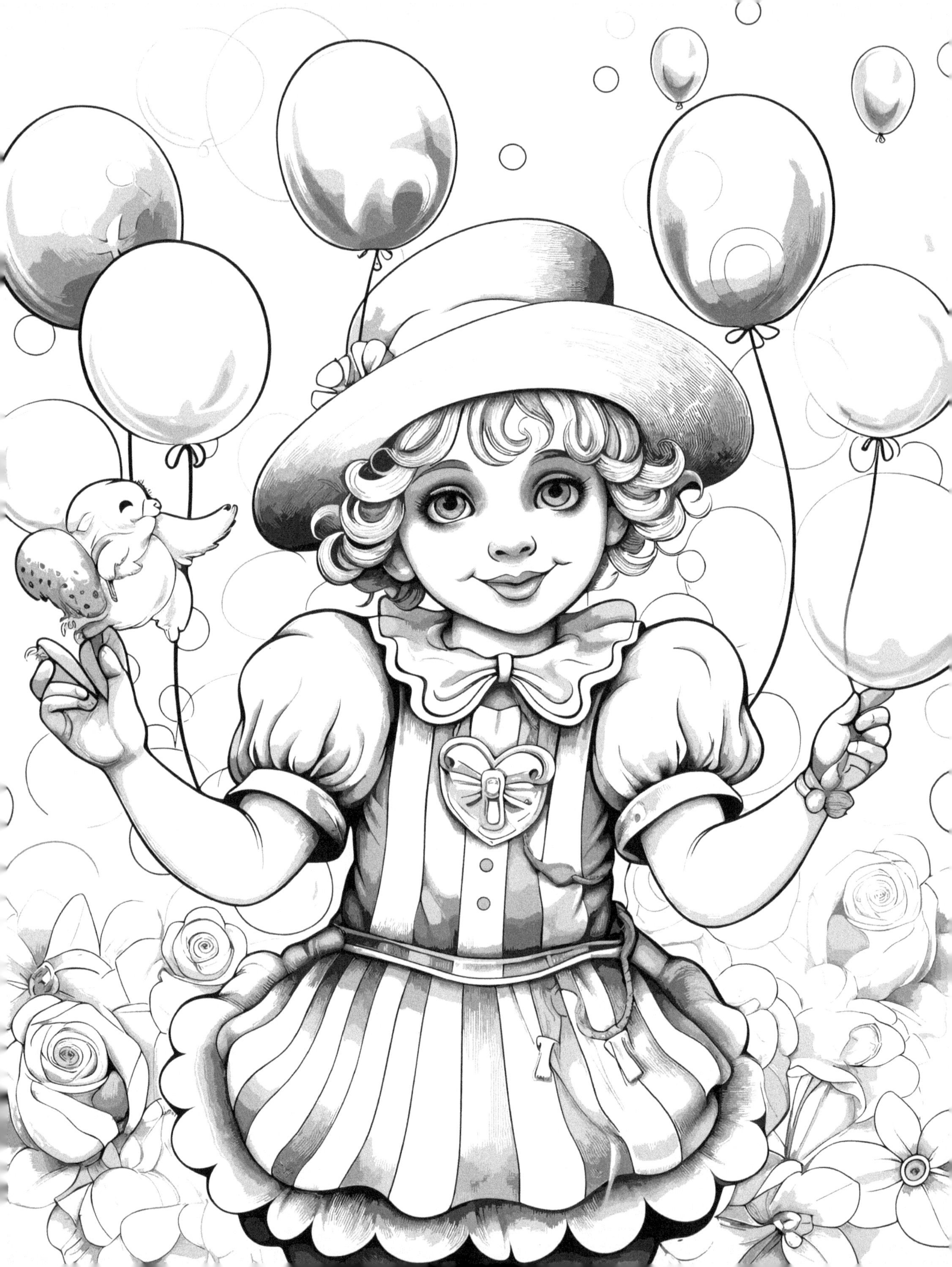

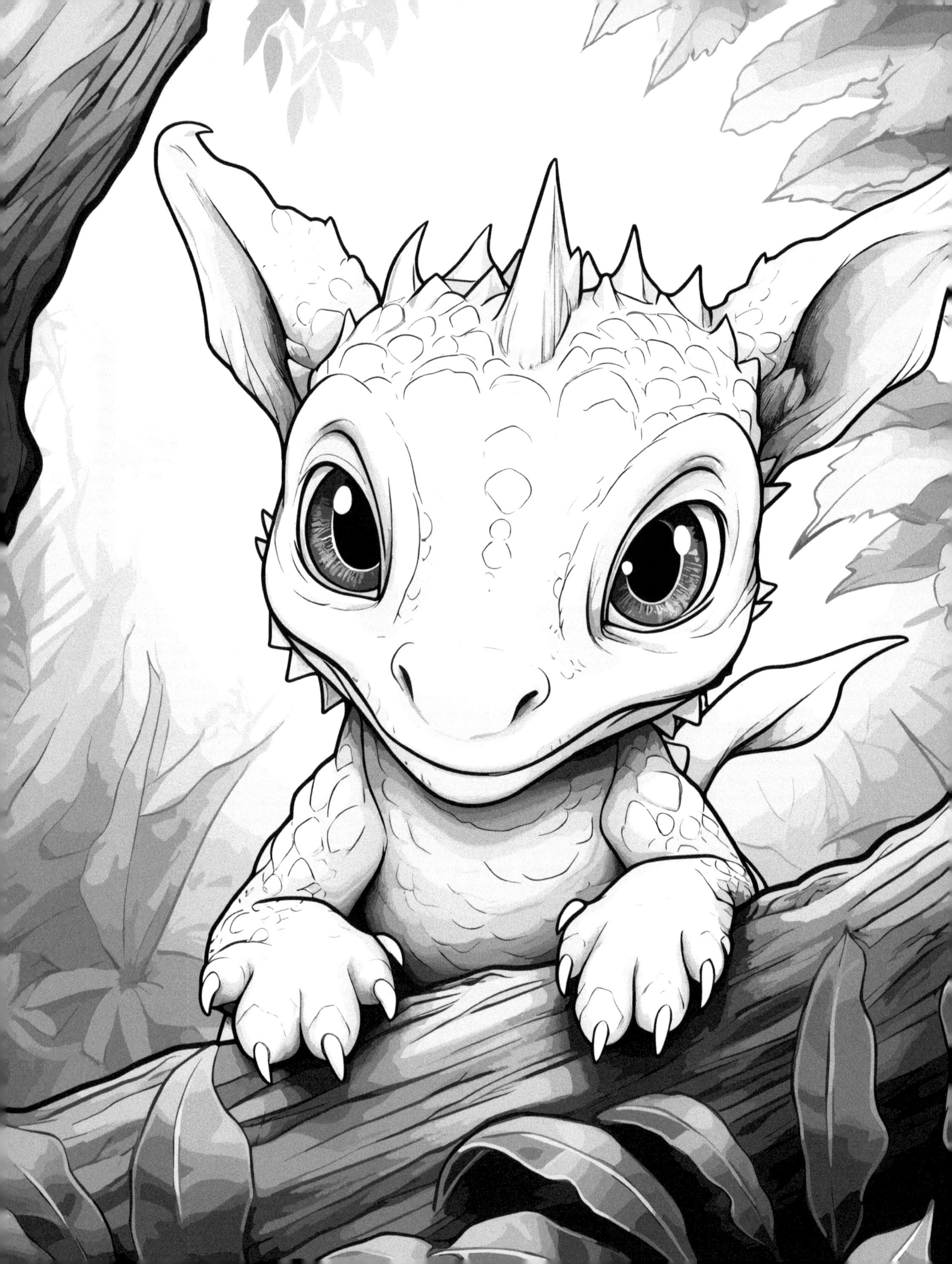

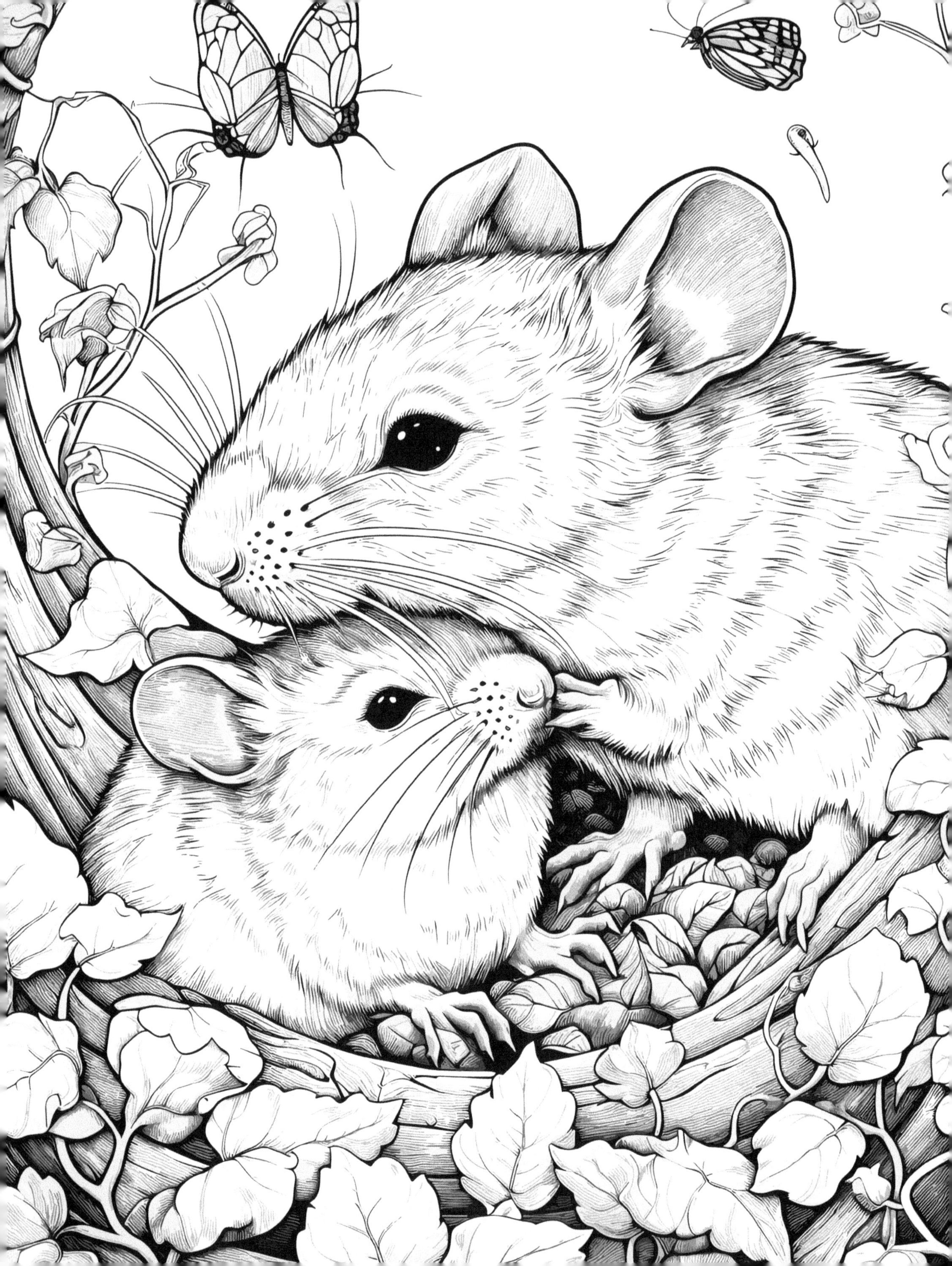

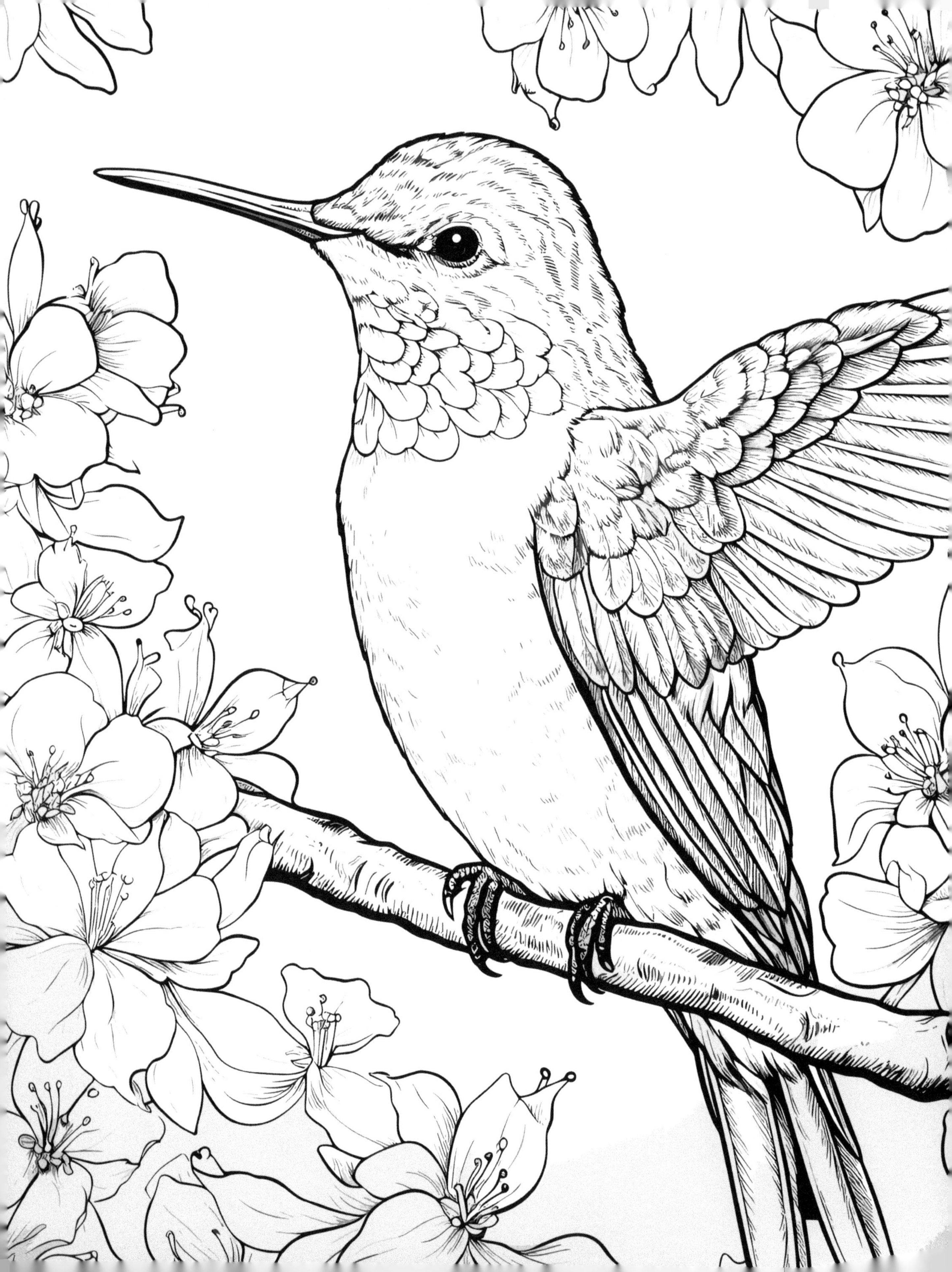

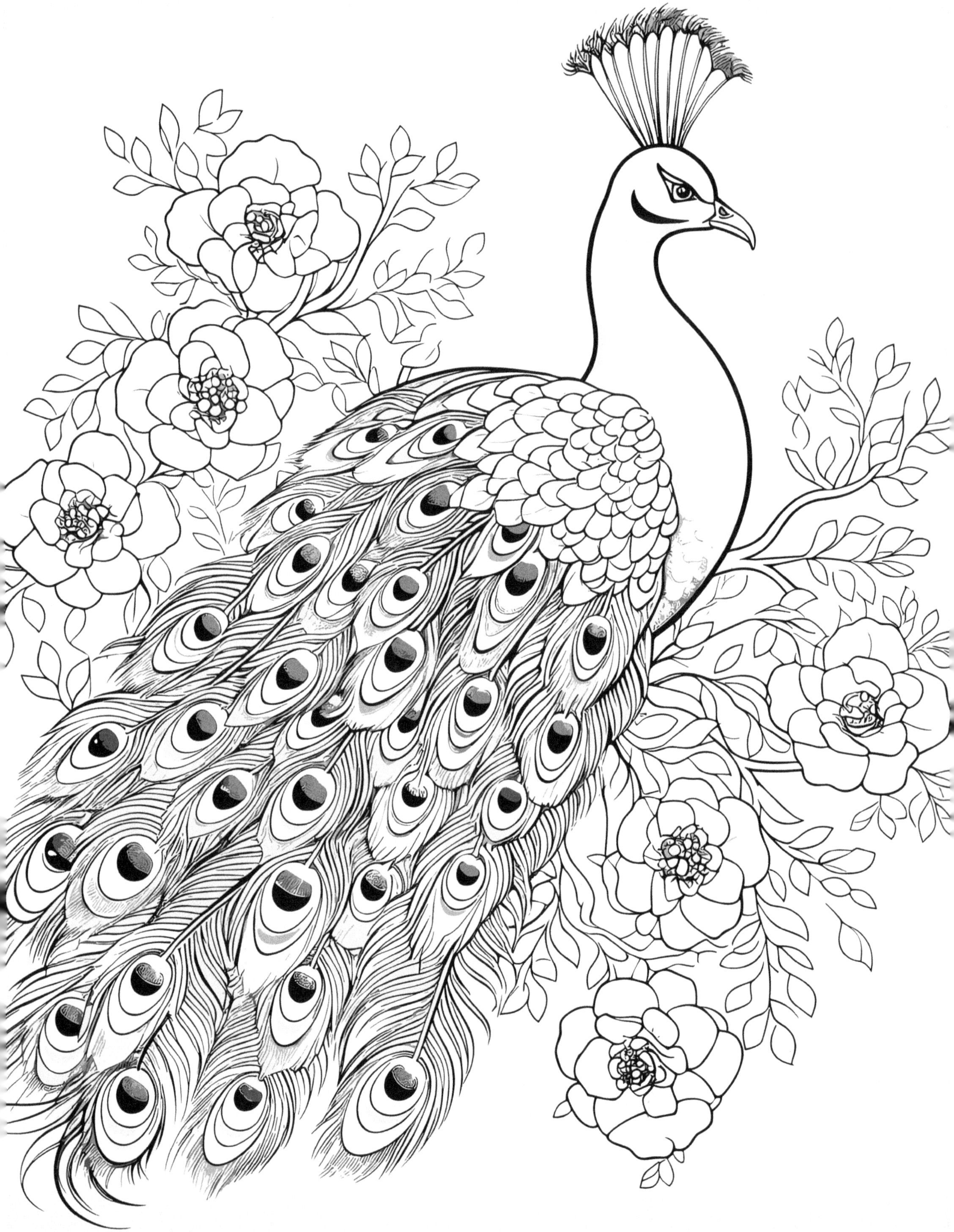

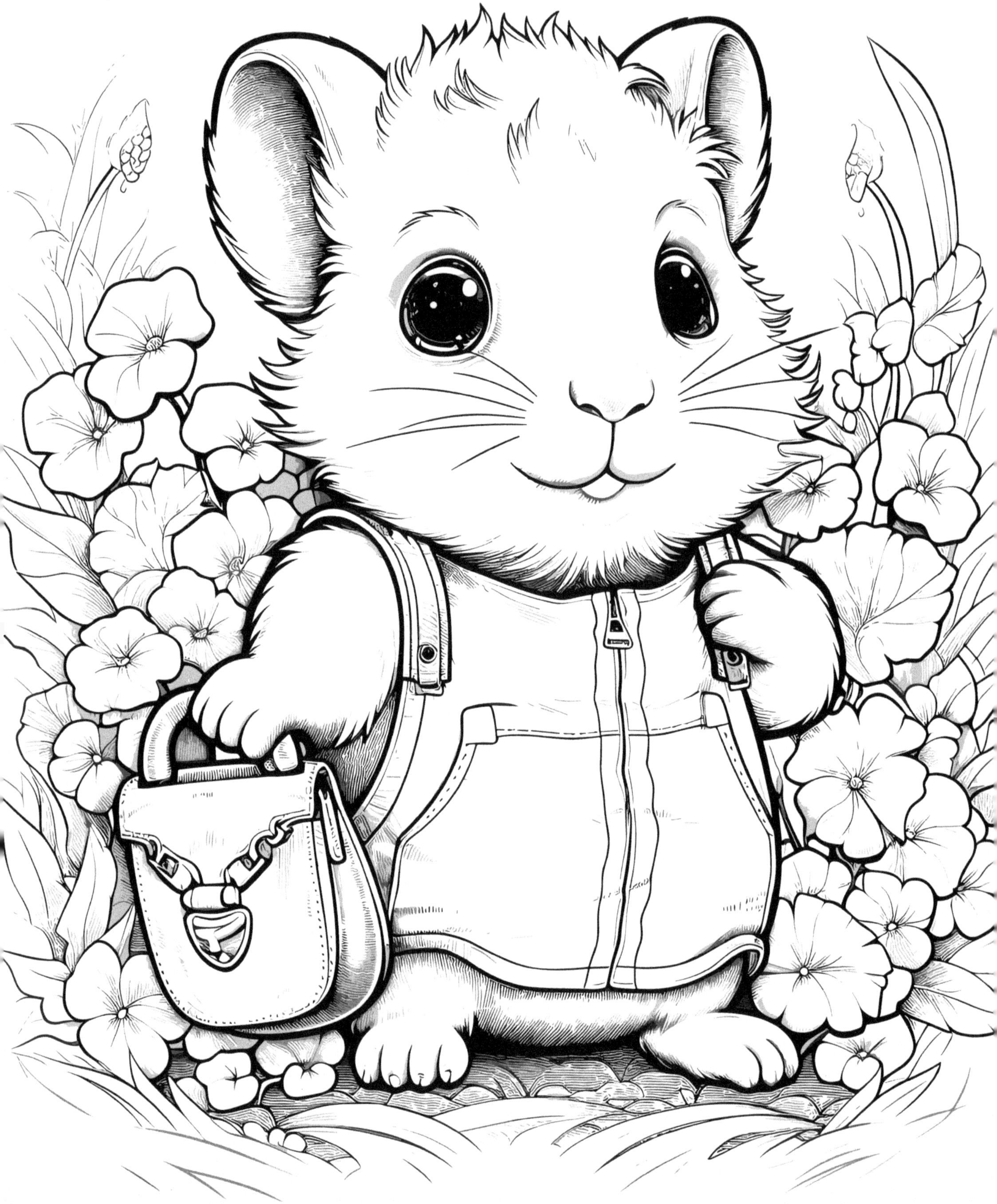

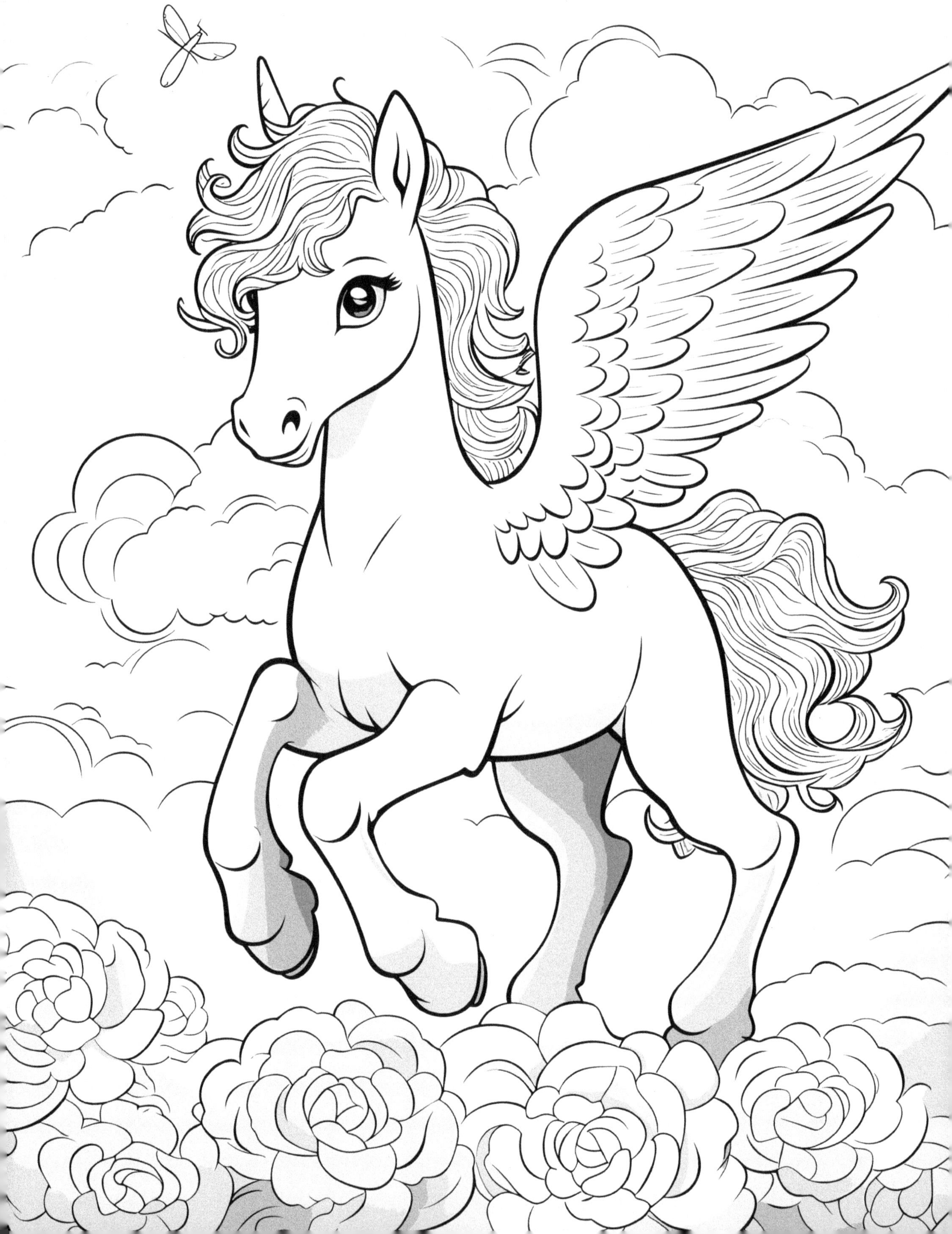

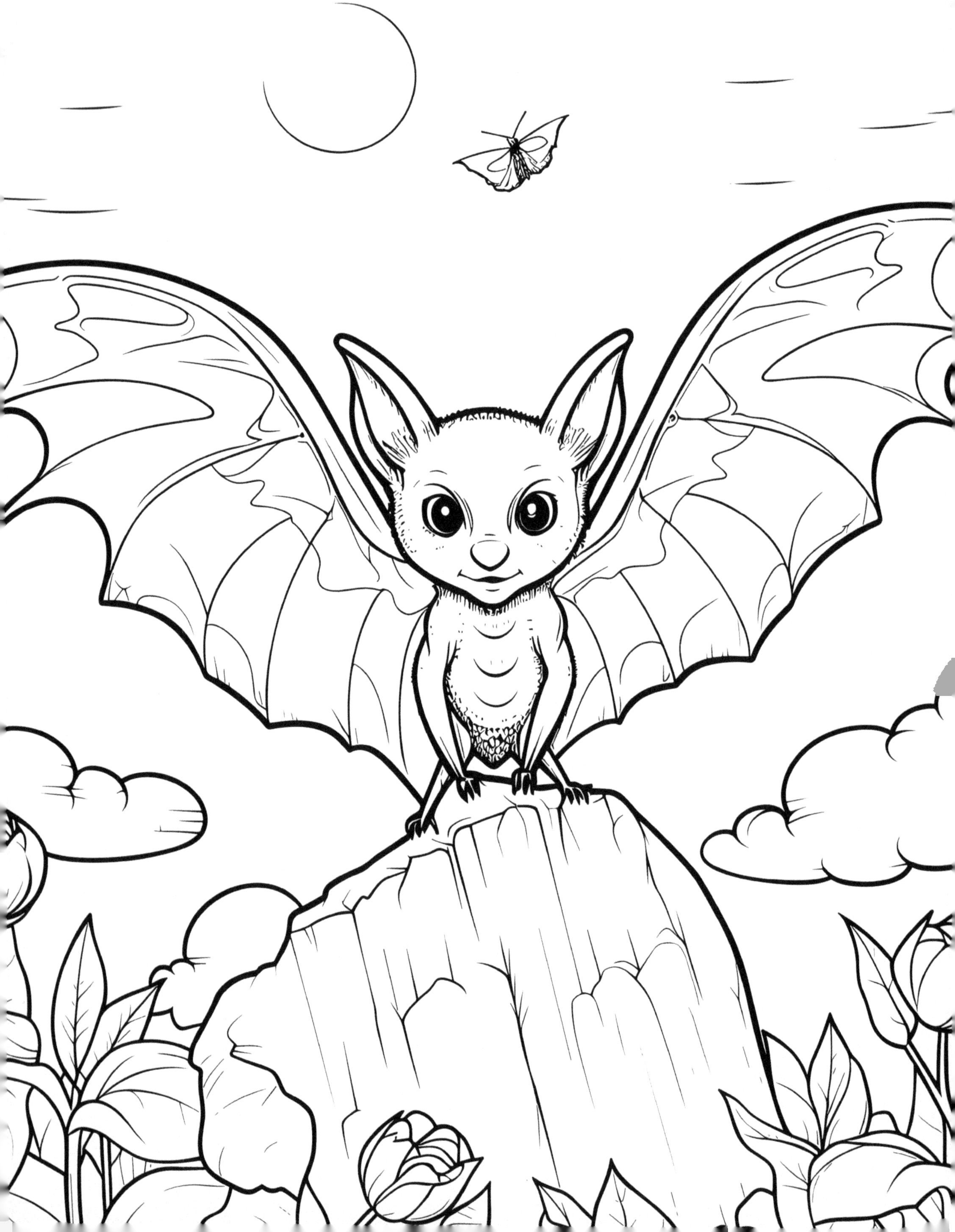

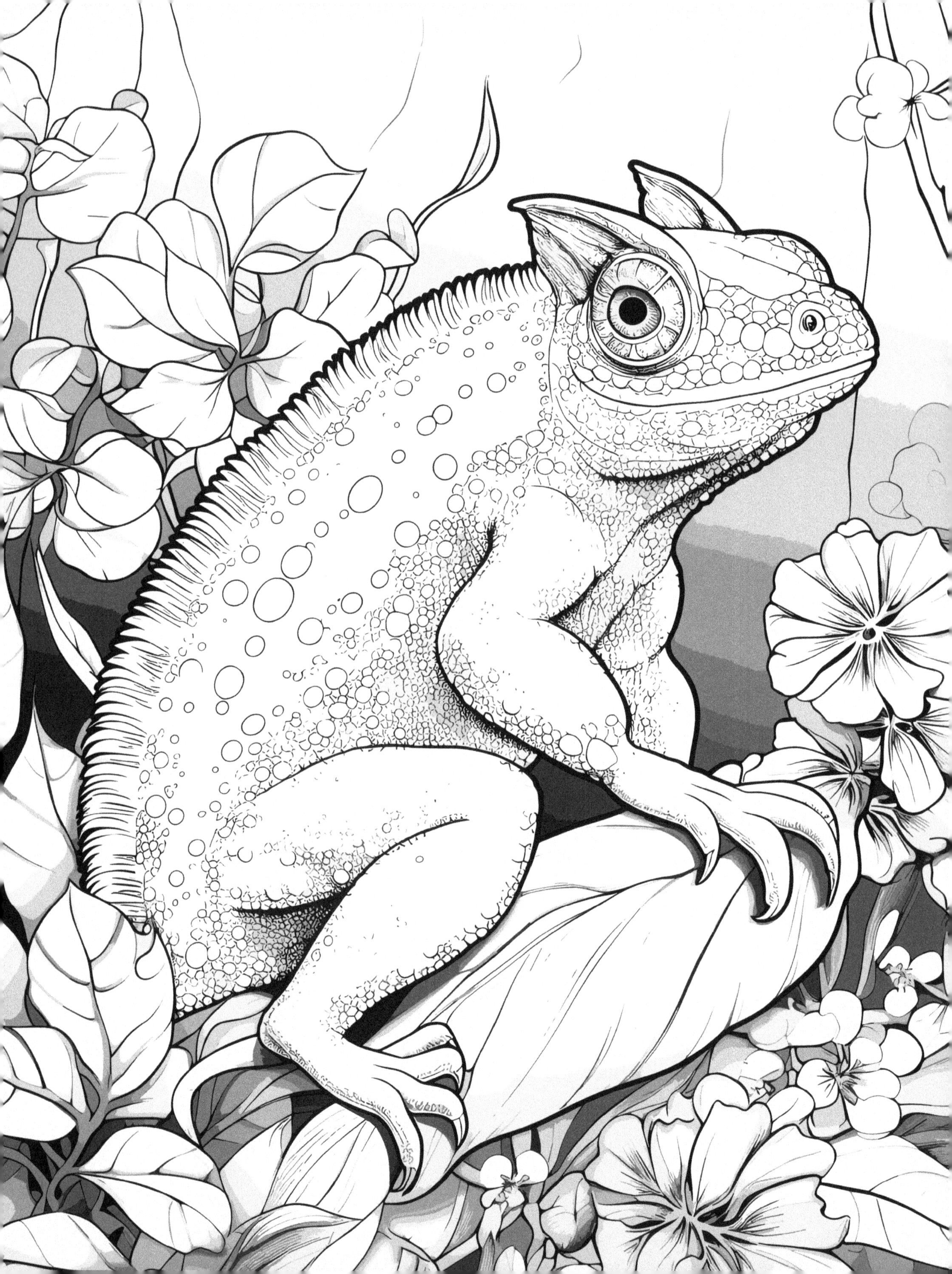

Milton Keynes UK
Ingram Content Group UK Ltd.
UKHW050811090924
448090UK00017B/179

9 798210 675484